Home Support Theory

家庭支援論の
基本と課題

井村圭壯・松井圭三

編著

学 文 社

執 筆 者

北澤　明子　秋草学園短期大学（第1章）

森谷　恭子　聖ヶ丘教育福祉専門学校（第2章）

前田　有秀　尚絅学院大学（第3章）

西　朋子　上田女子短期大学（非）（第4章）

浦田　雅夫　京都造形芸術大学（第5章）

＊松井　圭三　中国短期大学（第6章）

山下　智佳子　甲南女子大学（第7章）

坂本　真一　桜の聖母短期大学（第8章）

中　典子　中国学園大学（第9章）

齊藤　勇紀　新潟青陵大学（第10章）

前嶋　元　東京立正短期大学（第11章）

水田　茂久　佐賀女子短期大学（第12章）

鎌田　綱　四国医療福祉専門学校（第13章第1節，第2節）

＊井村　圭壯　岡山県立大学（第13章第3節）

吉川　知巳　東大阪大学（第14章）

（執筆順・＊は編者）

はしがき

　2015（平成27）年4月に子ども・子育て支援新制度が始まった。子ども・子育て新制度は，「子ども・子育て関連3法」（「子ども・子育て支援法」，「就学前の子どもに関する教育，保育等の総合的な提供の推進に関する法律の一部を改正する法律」，「子ども・子育て支援法及び就学前の子どもに関する教育，保育等の総合的な提供の推進に関する法律の一部を改正する法律の施行に伴う関係法律の整備等に関する法律」）に基づく制度である。この制度の柱として，認定こども園・幼稚園・保育所を通じた共通の給付や小規模保育などへの給付の創設，認定こども園制度の改善，地域の実情に応じた子ども・子育て支援の充実があげられている。

　一方，地域の社会において，子育て家庭のニーズは多様化し，ライフスタイルも変化しつつある。

　家族，家庭，子どもなどを取り巻く環境が変化するなかで，今後，家庭を支援する地域システムの構築が重要となってくる。

　厚生労働省は，2010（平成22）年，「保育士養成課程」を改正した。「家庭支援論」は「保育の対象の理解に関する科目」に規定し，同省が目標としている「家庭の意義とその機能について」「子育て家庭を取り巻く社会的状況等について」「子育て家庭の支援体制について」「子育て家庭のニーズに応じた多様な支援の展開と関係機関との連携」を網羅した。

　本書は，上記の状況を考慮し，「家庭支援の意義と役割」「家庭生活を取り巻く社会状況」「子育て家庭の支援体制」「多様な支援の展開と関係機関との連携」を基本として家庭支援に関する内容を盛り込んでいる。

　本書の執筆，編集に当たっては，各執筆者の方々，そして学文社社長田中千

津子氏，編集部の方々には大変お世話になった。紙面を借りて感謝申し上げる。

2017 年 1 月 1 日

編著者

目　次

はしがき……………………………………………………………………… i

第1章　家族・家庭の意義と機能……………………………………………1

第1節　家族・家庭の定義　1

　　1．家族という存在　1／2．家族とは　2／3．家庭とは　3／4．主観的家族論　4

第2節　わが国の家族の変遷と特徴　5

　　1．家父長制（家制度）の始まり　5／2．家父長制から近代家族へ　6／3．近代家族から協業型家族へ　7

第3節　家族・家庭の意義と機能　8

　　1．家族の機能について　8／2．わが国の家庭に求められている役割　9

第2章　家庭支援の必要性………………………………………………… 13

第1節　家庭を取り巻く社会と環境　13

　　1．経済の発展と家族　13／2．地域社会と子育て家族　13／3．家族の形と子ども　14

第2節　家庭支援の必要性　15

　　1．子どもの育ちを支える　15／2．親になることを支える　16／3．親子の関係を支える　17／4．子育て家庭を支える　18

第3節　家庭支援の取り組み　18

　　1．子ども子育て家庭のサービス体系　18／2．家庭を支える具体的な支援の内容　20

第3章　保育者が行う家庭支援の原理………………………………… 23

第1節　家庭支援の理念（根本的な考え方）　23

iv

1．なぜ保育者に家庭支援が求められるのか　23／2．児童福祉法の改正における家庭支援　23／3．「保育所保育指針」の改定における家庭支援　24

第2節　家庭支援を行う際の原則（全国保育士会倫理綱領）　25

第3節　保育士が行う家庭支援のあり方　27

1．保育ソーシャルワーク　27／2．保育所の特性を生かした支援　30／3．相談支援の基本的姿勢　31

第4章　現代の家庭における人間関係……………………………………… 33

第1節　家族の変化　33

1．家族の縮小　33／2．家族を支える制度　33／3．結婚の変化　34

第2節　子どもに関する変化　36

1．出生率　36／2．兄弟姉妹　36

第3節　家庭の人間関係　37

1．母親の結婚満足感　37／2．母親と子どもの関係　38／3．父親の子育て　39

第5章　地域社会の変容と家庭支援…………………………………………… 41

第1節　地域社会の変容　41

1．産業構造の変化と都市化　41／2．情報化社会の進展と就労形態の変化　42

第2節　人口減少社会の到来　43

1．少子高齢化社会の進行　43／2．少子高齢化社会の子ども家庭への影響　44

第3節　地域社会の再形成に向けて　45

1．地域での子育てとその支援の課題　45／2．子育てしやすい地域社会の形成　47

目 次 v

第6章　男女共同参画社会とワークライフバランス················· 49

第1節　男女共同参画社会とは　49

1．家族のおかれた歴史的背景と現状　49／2．女性就労の現状　50／
3．ジェンダーギャップ指数　51／4．男女共同参画社会とは　52／5．
男女の社会参加における関係法など　53

第2節　ワークライフバランス（仕事と生活の調和）とは　55

1．ワークライフバランスの社会的背景　55／2．わが国のワークライ
フバランスの課題　56／3．ワークライフバランスの取り組み　56

第7章　子育て家庭の福祉を図るための社会資源······················ 59

第1節　子育てと社会資源　59

1．子育て家庭を取り巻く状況　59／2．子育てを支援する制度やサー
ビス　59

第2節　子育て家庭を支える社会資源　60

1．フォーマルな社会資源による家庭支援　60／2．インフォーマルな
社会資源による家庭支援　65

第3節　社会資源の適切な利用　66

1．利用者支援　66

第8章　子育て支援施策・次世代育成支援施策の推進················· 69

第1節　子育て支援施策・次世代育成支援施策の変遷　69

1．1.57ショックと少子化社会対策　69／2．新しい少子化対策・子育
て支援施策の推進　71

第2節　待機児童解消などに向けての取り組み　74

第3節　「子ども・子育て支援新制度」の概要　75

第9章　子育て支援サービスの概要································· 77

第1節　地域における子育て支援事業　77

1．地域子育て支援制度　77／2．地域子育て支援とは　79／3．地域

子育て支援事業　80

第2節　地域子育て家庭を対象とする事業　80

　　1．利用者支援事業　80／2．保育関連事業　81／3．放課後児童健全育成事業（学童保育事業）　82／4．子育て短期支援事業　83／5．乳児家庭全戸訪問事業（こんにちは赤ちゃん事業）　83／6．地域子育て支援拠点事業　84／7．妊婦健康診査　84

第3節　要保護・要支援子育て家庭を対象とする事業　85

　　1．養育支援訪問事業　85／2．要保護児童対策地域協議会（子どもを守る地域ネットワーク）機能強化事業　85

第10章　保育所入所児童の家庭への支援 …………………………… 87

第1節　保育所における子育て支援　87

　　1．保育所の役割　87／2．「保育所保育指針」の改定　87／3．家庭を支える保育者の専門性　88

第2節　保育所における保護者支援の基本　89

　　1．保育所入所児の保護者に対する支援　90／2．保育所での子育て家庭への支援の実際　90／3．保育所の地域における子育て支援　92

第3節　保育所以外の保育施設　93

　　1．保育・教育施設　93／2．地域型保育事業　94／3．認可外保育施設　94

第11章　地域の子育て家庭への支援 …………………………………… 97

第1節　地域の子育て家庭への支援　97

　　1．地域の子育て家庭への支援の必要性　97／2．地域の子育て家庭への支援の現状　98

第2節　地域子育て拠点事業　100

　　1．一般型　101／2．連携型　101

第3節　地域におけるさまざまな取り組み　101

　　1．父親支援プログラム　101／2．地域子育て支援ネットワーク事業

目　次　vii

（杉並区）　102

第12章　要保護児童及びその家庭に対する支援 …………………………105

第1節　要保護児童への対応の基本姿勢　105

1．要保護児童と家庭への対応の考え方　105／2．保育者としてできる支援のために　106

第2節　障がいをもった子どもとその家庭への支援　107

1．発達障害に対する支援の特徴　107／2．発達障害の子どもへの支援　108／3．発達障害の保護者への支援　109

第3節　虐待をうけた子どもとその家庭に対する支援　110

1．児童虐待の現状　110／2．児童虐待の原因と対応　111／3．子どもと保護者に対する支援　113

第13章　子育て支援における関係機関との連携 …………………………115

第1節　国の機関　115

1．厚生労働省　115／2．審議会　115

第2節　地方公共団体の機関　116

1．都道府県　116／2．市町村　116／3．児童相談所　117／4．福祉事務所　117／5．保健所　118／6．市町村保健センター　118

第3節　児童委員・主任児童委員　119

第14章　子育て支援サービスの課題 ………………………………………123

第1節　要保護児童とその家庭と保育士　123

1．保育士による子ども虐待への対応　123／2．保育士による障がい児をもつ家庭への支援　123／3．児童福祉施設における家庭への支援　124

第2節　相談援助の方法と原則　125

第3節　保育所と地域子育て支援拠点事業　126

1．子ども虐待の現状と保育所　126／2．地域子育て支援拠点事業

viii

127

第4節　今後の子育て支援の課題　128

索　引……………………………………………………………………131

第 1 章

家族・家庭の意義と機能

第1節　家族・家庭の定義

1．家族という存在

　あなたにとって「家族」とはどのような存在だろうか。授業などでこの問い
を投げかけてみると実にさまざまな答えが返ってくる。「かけがえのない存在」
「大切な存在」「代わりにならないもの」など，家族という存在の大きさを感じ
る答えが出る一方で，「好きだけど嫌い」「話をしたくないときもある」「理解
し合えないと感じることもある」など，存在が大きいからこそ感じる感情や葛
藤についての答えもある。また，具体的な家族の定義についても「一緒に住ん
でいる人」や「血のつながっている人」が家族であるという答えもあるが，
「血がつながっていないペットも家族だと思う」など意見の分かれる答えが出
る場合もある。このような回答をみると，「自分の思っていなかった家族の考
え方があることに驚いた」という感想が寄せられることが多い。紹介したもの
はほんの一部の回答であるが，これらの答えから現在「家族」という言葉から
連想されるイメージは多くの人に共通のものもあるが，非常に多様になってき
ているということがいえるだろう。

　では，「家族」と「家庭」はどのように異なるのだろうか。先ほどまで「家
族」についてさまざまな想いを語ってくれていても，この問いには明確に答え

ることができないという場合が多い。これらのことから「家族」や「家庭」という言葉は日常でよく使用される私たちの身近な言葉でありながら，真剣にその定義や意味，捉え方の違いについて考える機会は少ないということがいえるだろう。そのため「家族」や「家庭」の意義と機能について考える前に，まずはその前提となる定義について明らかにしていきたい。

2．家族とは

　まず，「家族」の定義をみてみよう。一般的な定義として，はじめに『広辞苑』の定義を紹介する。家族の定義として広辞苑には「夫婦の配偶関係や親子・兄弟などの血縁関係によって結ばれた親族関係を基礎にして成立する小集団。社会構成の基礎単位[1]」と記載されている。この広辞苑の定義では「家族」とは，結婚をして配偶関係にある場合，または血がつながっていて血縁関係にある場合などの親族関係にある人びとが複数集まった小さな集団であり，先ほど紹介したような「かけがえのない存在」などの感情的な部分は含まれていない。この感情的な部分も含んだ「家族」に関する代表的な定義として，家族社会学者の森岡清美の定義がある。森岡によると「家族とは，夫婦・親子・きょうだいなど少数の近親者を主要な成員とし，成員相互の深い感情的なかかわりあいで結ばれた第一次的な幸福（well-being）追求集団である[2]」と定義されている。この定義では，「夫婦・親子・きょうだいなどの少数の近親者を主要な成員とすること」という具体的な条件に加え，「(1)成員相互の深い感情的なかかわりあいで結ばれていること。(2)第一次的な幸福（well-being）追求集団であること」があげられている。森岡のこの定義は，配偶関係や血縁関係という形だけでなく，家族を構成する成員同士の感情面での結び付きについても言及されており，1960年代に定義されてから戦後家族の特徴として広く使用されてきた。

　しかし，現在必ずしもこの森岡の定義すべてに当てはまらないさまざまな形の家族が増えている。具体的には，夫婦のどちらか一方を欠く母子のみ，父子

第1章　家族・家庭の意義と機能　3

のみの一人親家族や再婚，養子縁組，里親制度による親子関係などの血縁関係がない親子の形も増えている。また，非法律婚の割合が多い欧米諸国と比べ，「法的な婚姻関係＝夫婦」という価値観が根強く残るわが国であるが，非法律婚（事実婚）や同性のカップルのようにお互いに婚姻の意思や共同生活の実態はあるが，法律に規定されている婚姻関係ではない家族の形も見られるようになってきている。更に，共働きをしながら，夫婦の意思で子どもをもたない夫婦のみの家族の形を選択する DINKs（double income, no Kids）とよばれる家族の形などさまざまな形態を自ら選択する家族も増えている。このように「家族」という言葉の定義や形をみていくと，この言葉自体の定義もさまざまであること，また現在これまで使用されてきた定義には当てはまらない多様な家族の形がみられるようになってきているのである。

3．家庭とは

　次に，「家庭」についての定義をみてみよう。『広辞苑』では家庭の定義として「夫婦，親子など家族が一緒に生活する集まり。また，家族が生活する所[3]」と記載されている。また，『社会学小辞典』では，「家族が生活を営んでいる場のこと。住宅を中心として消費生活を共同する場という意味で使われる場合と，家庭の団らんのような精神的・心理的一体性をもっている人びとの集団生活の場という意味で使われる場合とがある[4]」と記載されている。つまり，「家庭」とは家族や親族という人びとやその関係だけに焦点を当てるのではなく，生活の場としての環境を含んだより多様な人間関係に焦点を当てた言葉ということになる。

　「家族」の形が多様化する現在，子どもの保育や保護者の支援を行っていく際には，対象である子どもや保護者一人ひとりの情報を把握するだけでなく，家族の成員が生活する場所であり，さまざまな人との関係を築いていく「家庭」の状況を捉えていく必要があるだろう。

4. 主観的家族論

　「家族」「家庭」の定義について確認し，現在では「家族」の形が多様化していること，そのため支援を行う際には対象である家族の取り巻く環境を含めた「家庭」という場の状況を捉えていくことが大切であるということがわかった。

　このように，「家族」の多様な人間関係を含めた「家庭」という場に焦点を当てる場合には，形式的な家族の形ではなく，家族を構成する個々の成員の主観的な想いにも目を向ける必要が出てくるのではないだろうか。このような点に着目した「家族」の新たな捉え方として「主観的家族論」という視点が提案されている。「主観的家族論」とは，これまでの血縁や配偶関係などの親族関係を基盤とする定義とは異なり，「一人ひとりが誰を自分の家族として捉えるのか」という個々の主観的な認知に基づいて家族を定義しようとする立場である。

　この立場として代表的な家族社会学者の上野千鶴子は，「ファミリー・アイデンティティ」という概念を用いて，家族のメンバーそれぞれがどの範囲の人びとを「家族」として見なすのかというインタビューを行っている。その結果，夫婦間であっても夫を「家族」と見なしていない事例や法的な婚姻関係にはないがお互いを「家族」であると見なしている事例，また同居家族のなかでも「ファミリー・アイデンティティ」が異なる事例など，これまでの定義とは異なる「家族」の範囲が浮かんできたことを明らかにしている。

　これらの結果から，これまでの血縁や配偶関係などの親族関係，同居などの伝統的な家族の定義は，現代の個々が認知する「家族」とは必ずしも合致しないということがわかる。このように家族の形だけでなく，家族を構成する個々成員の意識も多様化している現在，「家族」を支援していくときには，家族が生活する場である「家庭」の状況を捉えていくとともに，それぞれの家族がどのような範囲の人びとを「家族」として認知しているのかという主観的な部分にも目を向けて支援をしていく必要があるだろう。

第1章　家族・家庭の意義と機能　5

第2節　わが国の家族の変遷と特徴

　ここまで「家族」や「家庭」の定義やさまざまな捉え方について考えてきたが，その形が現在多様化しているように，「家族」や「家庭」のありようはそのときの時代背景や社会の状況，文化などに影響をうけ変化していく。わが国でも時代により「家族」の形はさまざまに変化し，現在に至っている。ここでは，わが国の「家族」の変遷について概観することによりその意義について考えていく。

1．家父長制（家制度）の始まり

　日本では，時代により「家族」の形はさまざまに変化してきた。たとえば，はるか昔である飛鳥・奈良時代にも「家族」というものは存在していた。その時代，夫は夜妻の元に行き朝には帰るという通い婚であり，「家族」の基本は母と子であったといわれている。その後も時代により「家族」の形は変わってきているが，現在の私たちの家族観に大きく影響を及ぼしていると考えられるのが「家父長制」とよばれる家族制度である。この制度は，「家（イエ）制度」ともよばれ，家を代表とする家長（一般的に父親）が絶対的な権限をもち，三世代同居の親子を中心とした家の永続性を使命とする制度であった。江戸時代に武士階級を中心に発達したこの「家制度」は，明治時代になると民法に規定されたことにより，日本国民として守るべき家族の形となったのである。

　この頃，生活のなかでは，食卓を囲むときの位置（家長が上座）やお風呂の順番（家長は一番風呂）など，父親が家長であるということが家族の成員のなかで意識され，習慣としてあらわれていたのである。私たちのなかに今でも「父親＝一家の大黒柱」というイメージが残っているのは，この「家制度」において，父親である家長が絶対的な権限をもつということが民法という法律で規定され，生活のなかに浸透してきたという歴史があるからであろう。

2. 家父長制から近代家族へ

　江戸時代に発達し，明治，昭和に至るまでの長い間，わが国で徹底されてきた「家制度」であったが，第2次世界大戦の敗戦を機に欧米型の家族モデルが導入され，その形は変化していった。具体的には，1946（昭和21）年に制定された「日本国憲法」の第24条に，婚姻が両性の合意のみに基づいて成立すること，夫婦が同等の権利を有することが規定されたことにより，民法も改訂され「家制度」が廃止になった。これに伴い，戸籍登録は夫婦家族単位になり，配偶者の選択や婚姻，相続，離婚など家族に関することを個人が自主的に選択していくことができるようになった。また，それらに関して夫婦は本質的に平等であるという位置づけになるなど「近代家族」といわれる家族がわが国の家族の形として位置づけられるようになった。

　その後，戦後の復興に伴い1950年代半ばから高度経済成長とよばれる時期に入っていくが，この産業の変化が「家族」の形にも影響を及ぼしていく。具体的には，これまで農業や漁業などの第1次産業が中心であった産業が変化し，建設業や製造業を中心とする第2次産業や流通やサービス業を中心とする第3次産業が増加していった。そして，東京や大阪などの大都市に多くの会社や企業などができ，これまで両親と同居していた家族も大都市で働くために核家族となることが増えていった。またこの時期，戦後のベビーブームと重なり，兄弟，姉妹が多いため，両親と同居できない家族も多くなっていた。これらの理由により，この時期から核家族が一般化したことに加え，サラリーマン家庭の増加により家庭と職場の分離が進んでいった結果，家庭の収入は安定したが，生計を担うため夫は外で長時間労働し，家事や育児，介護などの家庭のことは妻が担うために専業主婦になるという「性別役割分業型家族」が多くなっていった。

3．近代家族から協業型家族へ

　このように戦後の家族制度や産業構造の変化により，性別役割分業型家族が増加し「子どもが3歳までは母親と一緒にいるほうがよい」という3歳児神話が浸透していった。その結果，子どもにとって母親の愛着が大切であるという風潮が高まる一方で，女性の権利や女性が働く環境を求めるさまざまな運動も繰り広げられてきている。

　たとえば，政府により「子どもが3歳までは専業主婦，学齢期を過ぎると再就職」という女性の働き方がモデル化されたこともあり，少しずつ共働き家庭が増えていったことから「ポストの数ほど保育所を」というスローガンのもとに保育所運動が展開されていった。また，ウーマンリブなどの女性の権利を主張する運動も展開されていった。これらに加え，1985（昭和60）年に「男女雇用機会均等法」，1999（平成11）年には「男女共同参画社会基本法」が制定されたことや，男女平等教育が進み女性の進学率が上昇したことにより，女性は結婚し専業主婦となるという選択だけでなく，多様な生き方が認められるようになった。また，昨今の経済状況や子どもの教育費の増加などの理由もあり，現在は「性別役割分業型家族」から夫婦がともに家庭内外の仕事を協力して行う「協業型家族」へと家族の形が変化してきている。性別役割分業型家族の形では，それぞれの役割が固定的であったが，現在は一人ひとりが，役割を選択する個人として結婚，職業，居住，ライフコースなどを自分の意志のもとに選択する時代になってきている。そのため，さまざまな選択が可能になった一方，その選択肢の広がりにより，これまで触れてきたような多様な家族の形が見られるようになってきている。

　このように，普段私たちが考えている「家族」の形や想い，イメージは私たちが意識する，意識しないにかかわらず，わが国がどのような「家族」の形をモデルとしてきたのかということに影響をうけている。そのため，子どもや保護者を含めた「家庭」を支援していく際には，わが国の「家族」の変遷と現状

8

を踏まえたうえで支援の対象である家庭の形や状況を捉えていく必要があるだろう。

■ 第3節　家族・家庭の意義と機能

1．家族の機能について

　「家族」の形はそれぞれの国の文化や社会の状況，時代背景などに影響をうけ変わっていくということがわかったが，時代が変遷した現在も変わらず私たちにとって「家族」は身近な言葉であり，それぞれの生活に大きく影響をもたらしている。では，私たちにとって大きな存在である家族にはどのような役割や働きがあるのだろうか。

　家族の機能については，家族の定義とともにさまざまな整理がなされてきた。代表的な説として，アメリカの社会人類学者のマードック（Murdock, G. P.）の4機能説があげられる。マードックは，夫婦と未婚の子からなる「核家族」が最小の単位であるとした「核家族説」を提示し，核家族の機能として「性的機能，経済機能，生殖機能，教育機能」の4つの機能が含まれていると指摘している。性的機能とは，夫婦の愛情を育み，性的な欲求を充足させるとともに，これにより社会における性的秩序を維持していくという機能である。経済機能とは，社会において消費する，労働力を提供するなどの機能である。生殖機能とは，子どもを産み育てる機能であり，その子どもを社会に適用できるよう教育していくのが教育機能である。このほか代表的な説として，アメリカの社会学者であるパーソンズ（Parsons, T.）の2機能説がある。パーソンズは，これ以上なくすことができない家族の機能として「子どもの基礎的な社会化」と「成人のパーソナリティの安定化」という2つの機能をあげている。

　このように家族の機能はさまざまに整理されてきているが，家族の形が変わっていくとともにその機能も変化していくということが考えられる。このような家族機能の変化を捉えた説として，オグバーン（Ogburn, W. F.）の「家族機

能縮小説」がある。アメリカの社会学者であるオグバーンは，近代産業が発展する以前の家族は「経済，地位付与，教育・保護・宗教・娯楽・愛情」という7つの機能を果たしていたが，産業化の進展に伴い「愛情」以外の6つの機能は弱まるか家族から失われ，専門的な機関や制度に吸収されてきたということを指摘している。

2．わが国の家庭に求められている役割

　オグバーンは，1930年代初頭のアメリカ社会での変化を指摘したが，現在のわが国では「家庭」にどのような役割が求められているのだろうか。「家族」の変遷でみてきたように，わが国では家庭のなかでの男女の役割が時代によって変化してきている。家制度として家長が絶対的な権限をもっていた時代では，家の永続性が家族の機能として求められ，それに伴い夫には家長として家を守っていくこと，妻には家の跡取りとなる男児を産むという役割が求められていたことになる。協業型家族の形が多くみられるようになった現在，家制度の時代とは異なる役割が求められるようになっている。

　内閣府が継続して行っている「国民生活に関する世論調査」（内閣府　2015年6月調査）をみると，現在家庭の役割がどのように捉えられているのかということがわかる。具体的には，図1−1のように家庭の役割を「家族の団らんの場」として考えている人が65.7％ともっとも高く，次いで「休息・やすらぎの場」（61.8％），「家族の絆を強める場」（50.0％），「親子が共に成長する場」（36.3％）の順となっている。この4項目は図1−2にあるように，継続して上位を占めており，現在わが国では家庭の役割として，家族の成員の「団らん・休息・やすらぎの場」としての役割が強く求められていることがわかる。また，精神的なやすらぎだけでなく，家族の定義として森岡が「成員相互の深い感情的なかかわりあいで結ばれていること」を入れたように，家族が生活する場である家庭の役割として「家族の絆を強める場」など，家族メンバーとの精神的なつながりを強めることを求めていることがうかがえる。一方，家庭の役

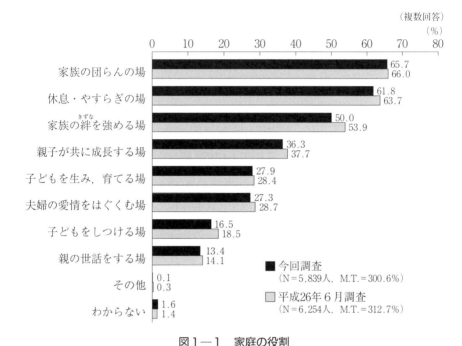

図1−1　家庭の役割

出所) 内閣府「国民生活に関する世論調査」(2015年6月調査)
http://survey.gov-online.go.jp/h27/h27-life/2-3.html (2016年8月10日アクセス)

割として夫婦関係や子育て・介護などについてどのように捉えているのかをみてみると,「子どもを生み,育てる場」(27.9%),「夫婦の愛情を育む場」(27.3%),「子どもをしつける場」(16.5%),「親の世話をする場」(13.4%)といずれも上記の4項目より低い割合となっている。このことから,日本でも家族のさまざまな機能が弱まってきているということがいえるだろう。

　これまでみてきたように「家族」の形やありかたが多様化し,家族の機能が縮小している現在,オグバーンが指摘したように,「家族」だけでは生活を営む上で必要なさまざまな役割を果たせなくなってきている。たとえば,「家族」のなかで担われてきたとされる子どもを産み育て,社会に適応させていく機能(生殖機能・教育機能)を考えた場合でも,保育所や幼稚園,子育て支援センタ

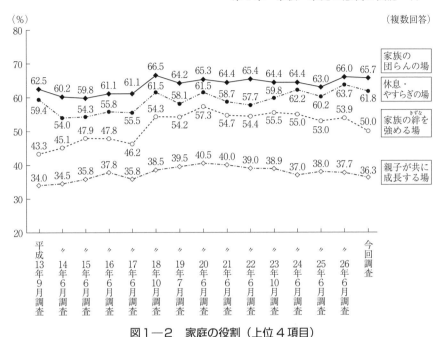

図1−2　家庭の役割（上位4項目）

出所）内閣府「国民生活に関する世論調査」（2015年6月調査）
http://survey.gov-online.go.jp/h27/h27-life/2-3.html（2016年8月10日アクセス）

一，児童館，保健センター，小学校，塾などの地域のさまざまな機関や施設が必要不可欠になってきている。このような「家族」を取り巻く環境の変化から，2010（平成22）年に，保育士養成課程において「家族援助論」から「家庭支援論」へと名称が変更されたように，「家族」だけでなく，家族の生活にかかわるすべての人との関係も含めた「家庭」という場の状況を捉えたうえで，専門職である保育者や支援者，地域のさまざまなネットワークを含め，社会全体で「家庭」を支援していくことが必要なのである。

注
1）新村出編『広辞苑（第六版）』岩波書店，2008年，p. 536
2）森岡清美・望月嵩『新しい家族社会学（四訂版）』培風館，1997年，p. 4
3）前掲注1），p. 558

4）濱嶋朗・竹内郁郎・石川晃弘編『社会学小辞典（新版増補版）』有斐閣，2012年，p.82

参考文献

井村圭壯・相澤讓治編著『保育と家庭支援論』学文社，2015年

上野千鶴子『近代家族の成立と終焉』岩波書店，1994年

小田豊・日浦直美・中橋美穂編著『新保育ライブラリ　家庭支援論［新版］』北大路書房，2014年

落合恵美子『21世紀家族へ［第3版］家族の戦後体制の見かた・超えかた』有斐閣，2013年

木村志保・津田尚子編著『学び，考え，実践力をつける家庭支援論』保育出版社，2014年

服藤早苗『日本のもと　家族』講談社，2011年

パーソンズ，T.，ベールズ，R. F. 著，橋爪貞雄ほか訳『家族―核家族と子どもの社会化』黎明書房，2001年

マードック，G. P. 著，内藤莞爾訳『社会構造―核家族の社会人類学』新泉社，2001年

森岡清美『発展する家族社会学―継承・摂取・創造』有斐閣，2005年

第2章

家庭支援の必要性

第1節　家庭を取り巻く社会と環境

1．経済の発展と家族

　日本の経済は，1955（昭和30）年以降の高度成長期にめざましい発展を遂げた。産業構造は大きく変化し，農林業，漁業，鉱業などの第1次産業から，鉄鋼，造船，化学などの製造業や重化学工業が中心の第2次産業へ，就業者比率が移行した。経済の成長による雇用の拡大が続き，地方圏から都市圏への著しい人口移動，「都市化」が進んだ。特に，若い世代を中心とした人びとの都市周辺への移住は「核家族」という小単位世帯を生み出した。

　さらに，第2次産業からサービスを中心とした第3次産業へと高度化が進むにつれて，女性全体の就業の場も広がっていった。

　こうしたなかで，人びとのライフスタイルも大きく変わった。家庭内では自分自身の生活行動を優先する「家族の個人化」傾向がみられはじめ，次第に団結力や凝集力を失っていくようになった。

2．地域社会と子育て家族

　高度成長期以前は，住民同士が互いに協力し支え合う，地域社会としての生活様式があった。子育てについても，家族や地域のなかで暮らす人びとが自然

14

と助け合い，子どもの成長を喜び合っていた。

　しかし，経済成長に伴う核家族化・都市化が進むと，これまで地域を支えてきた地縁や血縁による関係性は希薄となり，地域コミュニティは薄らいでいく。子育ては，家庭のなかで母親のみが中心となって行うようになった。現在の親世代は，自身の子どもができるまで赤ちゃんと触れ合う経験が乏しいまま親になる場合が多く，出産前に子育てに関する知識や情報をえることが少ない。また，出産後も周囲と助け合う機会が少なく，孤立していく。子育て不安を相談できる人がそばにいないという孤立状態が，児童虐待などの社会的問題につながり，深刻な状況となっている。

3．家族の形と子ども

　これまでの家族形態は，定位家族（子どもとして生まれ，親に育てられる家族）から巣立ち，新たに生殖家族（自らが子どもを産み育てていく家族）をもち，生涯に各々がひとつずつの家族を経験するというものが主流であった。また，夫婦と2人の子どもから成る家族構成が，「標準世帯」とよばれ，家族形態の指針でもあった。しかし，現代は離婚や再婚の増加により，人生において2つ以上の家族を経験することが稀ではなくなり，家族は急速に複線化しつつある。両親が離婚をしたひとり親家族，初めから父親のいないシングルマザーとその子どもの家族，非嫡出子と母親の家族，父母ともにいない子どもが養育者（祖父母など）に養育されている家族，再婚家族（ステップファミリー）など，多様な家族形態がみられるようになった。

　このような中で，厚生労働省が発表した2016年（平成28）年7月の国民生活基礎調査で，ひとり親と暮らす子どもへの支援の必要性が改めて浮かび上がった。3年に1度調べる貧困率（2015年）で，ひとり親世帯は50.8％に上った。子どもの貧困率全体は13.9％で12年ぶりに改善したが，子どもをめぐる環境はまだ厳しい。多様な家族形態によって引きおこる幼少期の経済的不利益は，学歴，健康，住居，家庭環境，児童虐待などさまざまな面で社会的排除を

もたらし，貧困の世代間連鎖の要因となりうる。

第2節　家庭支援の必要性

1．子どもの育ちを支える

　かつては，広場や空き地，路地裏などでは，異年齢の子どもたちが集団で遊びに熱中する光景が多く見られた。時間を忘れて，鬼ごっこや野球，ドッジボールなど身体を使う遊びをしていた。そこには子どもの遊びにもっとも必要な「時間」「空間」「仲間」の3つの「間」が揃っていた。遊びを通して，年上，年下の上下関係を学び，集団においてのルールの存在や，我慢強さ，挫折にめげない心，思い通りにならない悔しさや怒りなどの感情をコントロールする力を養っていた。また，異年齢であることによって，年長者が若年者の面倒をみたり守ったりする思いやりの心が育ち，互いの感情をより豊かに成長させる貴重な経験をえるのである。しかし，最近では帰宅後の時間を塾通いなどが大きく占め，わずかな自由時間の過ごし方は，インターネットや電子ゲームなどのツール遊びが主流となり，バーチャルリアリティー（仮想現実）の世界に自分の居心地の良い場所を見つけているように思える。このような室内での「ひとり遊び」に加え，多忙な家族のなかで子どもが1人で食卓に着く「孤食」も目立つ。現代の子どもは発育過程において人間的な交流が減少していくに従い，情緒的な発達や協調性，社会性を学ぶ機会が失われつつあり，「基本的な生活習慣の欠如」，「自制心や規範意識の不足」，「運動能力の低下」などの課題が指摘されている。子どもを囲む環境は社会を構成する大人が作り出したものであり，子どもは大人の影響をうけて生きているということが語られなくてはならない要点であろう。

　子どもの権利条約の「子ども観」の中心には，「子どもの主体性の尊重」が据えられている。これは，子どもは誕生の瞬間から主体性と豊かに育つ為の権利をもち，受容的で応答的な大人との関係のなかで自ら育つものであることを

示している。

　では，「自ら育つ」とは，どのようなことを示すのだろうか。生まれたときには未熟で何もできないように見える乳児が，親を身近に引きつけ養育を引き出すための生得的な能力や，環境のなかで生きるためのさまざまな能力をもつということも，近年の発達心理学や脳科学などの研究からわかってきている。子どもとは成長の力をもった自ら育つ存在なのである。

　これからの子どもたちが，「子ども時代」という固有の世界をどのような社会環境で過せるか，私たち大人が真に考える事が求められるであろう。そして，子どもたちの最善の利益を保障し，健やかな成長を促すための支援が必要である。

2．親になることを支える

　子育ては，今まで自分のために配分された自己資源を子どもを育てることへシフトさせること，すなわち，自分のために生きることから他者のために生きることへの切り替えが求められる。親になるということは，自分の思いと子どもの思いのはざまで大きな葛藤を経験し，それを乗り越え，他者を愛し，子どもの成長に喜びや生きがいを感じることにほかならない。

　物が豊かにあふれ，必要な情報もすぐに手に入る現在，子育て情報の検索や子守アプリなど，便利なツールも子育て中に欠かせないものとなっている。しかし，それらが一般的な回答であり，すべてが目の前のわが子に添った情報ではないと気付くことがあるだろう。子育てについての知識や経験が乏しいなかでは，親は子育てに向かう不安を自分ひとり背負い，頑張り，何を頼りにしたらよいのかさえもわからずに，孤立していってしまう。

　そのようなときに，地域の子育て支援の存在は大いに役割を担う。子育てに関する専門家による電話や面談を含む学習の機会，また近所付き合いや子育て仲間との交流などの地域コミュニティも有用であり，それらは親に大きな安心感を与え，悩みや不安は解消方向に向かうだろう。

第2章　家庭支援の必要性　17

　子どもを育てるために必要な人間の行動は，遺伝的に組み込まれた素因と，環境や周囲の人からの刺激による後天的な学習によって保たれ，親としての役割を身につけていく。さまざまな支援によって，後天的な学習を支えることで，親は余裕をもって子育てに臨むことができるだろう。

3．親子の関係を支える

　現代の子育てにおいて，親はわが子を産んで自分の人生が豊かになったと感じているだろうか。子どもは，この世に生をうけて生きることを楽しいと思えているだろうか。

　子育ては，親と子の本音のぶつかりあいのなかで「成長」が得られる。たとえば，食生活において，偏食が多く食が細いという子どもの場合，親は，どのようにかかわっていくだろうか。親は自分がつくったものを少しでも食べて大きくなってほしいと願うだろう。しかし，子どもが「食べない」と拒否をした場合，親は，子どもが食べてみたいと思えるようなさまざまな工夫や調整を試みる。しかし，親ひとりの努力では限界がある。

　そのようなときは，さまざまな形の支援が望まれる。幼稚園や保育所，認定子ども園などの保育施設は，子どもを保育するだけでなく，親と子が，「集う」「遊ぶ」「学ぶ」「相談する」「成長する」場としての機能を担っている。親は，その支援を活用して，子どもが食べられる調理の工夫を学んだり，親子が一緒に楽しく遊ぶことで子どもの心身が解放され食欲が生まれることを学んでいく。その結果，子どもが喜んで食べることで，親は，食事づくりにおける意欲や自信をえることになっていく。子どもは，自分の思いを親が認めてくれた，受け止めてくれたと自己肯定観が得られる。親子が相互に認め合うことにより，お互いの信頼が形成され，親子の関係性が安定したものになる。

　このような親子の関係性をつなぐ役割は，子どもの育ちを見つめ，子育て体験の乏しい親を支援する保育者や子育て支援者の成すところであり，親子の橋渡し存在といえるだろう。

4．子育て家庭を支える

　わが国の子育て支援の状況を概観してみると，1990（平成2）年代以降，少子化対策や子育て支援策は進められ，2016（平成28）年の「子ども・子育て支援法改正」に至るまでさまざまな対策が行われてきた。それにもかかわらず，現代の子育て環境は充実したものとはいい難い。

　特に，母親と子どもの直接的な支援のニーズには応えているが，「家庭」まで視野に入れた支援はまだまだ不十分である。家族を支援の対象とするためには，医療・保健・福祉・教育・経済など多岐にわたる専門職の助言や援助が必要となるであろう。また，職種の枠組みを超えた連携も不可欠となる。行政や地域など社会全体で，子育て家庭を切れ目なく支えることが大切である。

第3節　家庭支援の取り組み

1．子ども子育て家庭のサービス体系

　子ども子育て家庭のための制度は，これまでに，少子化の進行や子育て環境の変化に相応した整備が行われてきた。次世代育成支援に関係する制度の現状（表2-1）に示すように，就労支援，教育・保育，放課後対策，地域子育て支援，母子保健，社会的養護，経済的支援など，子どもの年齢や保護者の就労，家庭での子育てに応じて多岐にわたり実施されている。

　また，2015（平成27）年4月より，子ども・子育て関連3法に基づき，保護者が子育てについての第一義的責任を有するという基本的認識の下，幼児期の学校教育・保育，地域の子ども・子育て支援を総合的に推進した子ども・子育て支援新制度が施行された。

　新制度では，各市町村が実施主体となり，これまで事業ごとに行われていた公的な財政支援が一本化された。

　子ども・子育て支援事業に基づく給付・事業の全体像は，「施設型給付」（認

第2章　家庭支援の必要性　19

表2−1　次世代育成支援に関係する制度の現状（2016〔平成28〕年現在）

区　分	制度の現状　　　　　　（　　）内平成
〔就労支援〕	○母性健康管理，母性保護（通院のための休暇，通勤緩和，時間外労働等の制限など） ○産前産後休業（産前6週，産後8週：勤務させることが禁止） ○育児休業（子どもが満1歳まで，保育所に入所できない場合等は最大1歳半まで） ○勤務時間短縮等の措置（努力義務：短時間勤務，フレックスタイム，始業・就業時間の繰上げ・繰下げ，所定外労働の免除，託児施設の設置運営などのいずれかの措置の実施を事業主に義務付け）
〔教育・保育，放課後対策〕 〔地域子育て支援〕	○認可外保育施設（6,923か所，約177,877人）（27年度）・事業所内託児施設（4,561か所）（28.3現在） ○家庭的保育事業（958か所）（28.4.1）／病児保育事業（2,226か所）（27年度交付実績） ○認可保育所（23,410か所，約212万人）（29.4.1現在）延長保育（18,885か所，88万人）（26年度）・休日夜間保育・特定保育 ○幼稚園（文部科学省）（11,252か所，約134万人）（28.5.1現在） ○認定こども園（5,081か所，約69万4千人）（29.4.1現在） 【放課後子どもプラン】 ○放課後児童クラブ（23,619か所，109.3万人）（28年現在） ○放課後子ども教室（9,608か所）（28年度） ○児童館（4,598か所）（26年度） 【地域の各種子育て支援】 ○一時預かり事業（9,718か所，延べ518万人）（27年度交付決定か所数） ○地域子育て支援拠点（6,818か所）（27年度） ○トワイライトステイ事業（375か所）（27年度交付決定か所数） ○ショートステイ事業（740か所）（27年度交付決定か所数） ○ファミリー・サポート・センター（769市区町村）（26年度実績）
〔母子保健〕	○乳幼児全戸訪問（1,730市町村）（27.4.1現在） ○養育支援訪問（1,447市町村）（27.4.1現在） ○母子健康手帳交付，妊婦検診（全市町村で実施）（26.4.1現在） ○乳幼児健診（3か月，1歳半，3歳），母子保健指導
〔社会的養護〕	社会的養護に関する事業（乳児院136か所・児童養護施設603か所等）（28.10.1現在）
〔経済的支援〕	○出産手当金（標準報酬日額の3分の2が支給） ○育児休業給付（休業取得機関に対して休業前賃金の67％を180日目まで支給，その後は50％） ○出産育児一時金（1出産児に対して原則42万円（分娩費用などに充当）） ○児童手当（0〜3歳未満：15,000円，3歳〜小学校修了：10,000円，〈第3子以降は15,000円〉，中学生：10,000円　※月額：所得制限有）

出所）厚生労働省「次世代育成支援に関係する制度の現状」を筆者が改変
　　　内閣府「子ども・子育て支援新制度」関連基礎データ

定こども園，幼稚園・認可保育所を通じた給付制度），「地域型保育給付」（家庭的保育事業や小規模保育事業，居宅訪問型保育事業，事業所内保育事業の小さな規模の保育）が創設された。また，「現金給付」として児童手当が位置付けられた。

　さらに，教育・保育施設を利用する子どものいる家庭以外にも，在宅での子育てを行う家庭を含む「すべての子育て家庭」を対象として，「地域子育て支援拠点事業」（利用者支援，地域子育て支援拠点事業，一時預かり，乳幼児家庭全戸訪問事業，養育支援訪問事業，ファミリーサポートセンター事業，子育て短期支援事業，延長保育事業，病児保育事業，放課後児童クラブ（放課後児童健全育成事業），妊婦検診）の「地域子ども・子育て支援事業」の充実が図られた。

2．家庭を支える具体的な支援の内容

（1）子育てに関する相談体制

　子育てのさまざまな問題に対して，児童相談所，市町村，福祉事務所，家庭児童相談室，教育相談所，保健所，保育所，子育て支援センターなどが子育てなどの悩みや不安の相談に応じている。また，各相談機関と連携しネットワーク体制を整備した支援がある。

（2）子育て家庭への支援体制

　保育所や幼稚園における園庭開放や，子育て支援センター，つどいの広場の提供，親子が自由に参加する講座や学習も設けている。また，親の勤務形態の多様化や子育て疲れなどの緊急時に対応する延長保育，一時預かり保育，病児・病後児保育，ショートステイ，トワイライトステイ，ファミリーサポートセンター，産前産後ヘルパー，障がい児・障がい者を対象とした居宅訪問事業，家庭的保育，放課後児童クラブなど多様な支援が行われている。

（3）情報の発信・提供

　市町村やNPO法人などによる子育て家庭を対象とした，子育ての事業や制度の紹介，子育てに関する相談や保育所・幼稚園・講演会など各種情報の提供や，情報誌の発行やインターネットによる情報発信体制などがある。

第 2 章　家庭支援の必要性　21

（4）経済的支援

　主な経済的支援には，妊婦検診などの助成，出産育児一時金，出産手当金，育児休業給付金，児童手当，就園奨励費，就学奨励費，児童扶養手当などがある。

（5）ひとり親家庭の自立支援

　民生委員・児童委員の関係機関の協力のもと，ひとり親世帯による育児・家事などの援護，児童扶養手当，親医療補助事業，母子家庭奨学金支給事業などの経済的支援や生活支援・相談事業・ひとり親福祉事業などの制度的支援が行われている。

　こうした子育て支援サービスは，国や地方の行政のみだけでは十分とはいえず，教育・保育機関や子育て支援団体や企業など連携して取り組むことにより，その効果が一層高まることになるのではないだろうか。

参考文献

阿部和子『家庭支援論』萌文書林，2015 年

井村圭壯・相澤譲治編著『保育と家庭支援論』学文社，2015 年

井村圭壯・今井慶宗編著『現代の保育と家庭支援論』学文社，2015 年

大豆生田啓友『支え合い，育ち合いの子育て支援』関東学院大学出版会，2006 年

柏木惠子『子どもが育つ条件—家族心理学から考える』岩波書店，2008 年

厚生労働省「国民生活基礎調査の概況」2016 年

厚生労働省「次世代育成支援に関係する制度の現状」2014 年

児童育成協会監修，新保幸男・小林理編『家庭支援論』中央法規，2016 年

新保育士養成講座編集委員会編『新保育士講座　第 10 巻　家庭支援論　家庭支援と保育相談支援』全国社会福祉協議会，2015 年

新保育士養成講座編集委員会編『新保育士講座　第 3 巻　児童家庭福祉』全国社会福祉協議会，2012 年

寺見陽子編著『子育ち・子育て支援学』保育出版社，2011 年

内閣府「子ども・子育て支援新制度の概要」2017 年

中野由美子・土谷みち子編著『21 世紀の親子支援』ブレーン出版，1999 年

第**3**章

保育者が行う家庭支援の原理

第1節　家庭支援の理念（根本的な考え方）

1．なぜ保育者に家庭支援が求められるのか

　現代の子育て家庭は，少子化や核家族化などによる地域社会のつながりの希薄化や社会情勢の変化による共働き世帯の増加，保護者の子育て不安や孤独な子育てなどの問題を抱えている。そのため，それぞれの地域にある保育所や幼稚園が子育て支援センターとしての役割を担うことが期待されており，保育者は入園している子どもの保育のみならず，その保護者を，さらには地域の子育て家庭を支えることが求められている。なぜなら，保育者は，身近にいる子育ての専門職だからである。

> 保育者の役割＝『子育ての専門職』として家庭を支えること

2．児童福祉法の改正における家庭支援

　2003（平成15）年に「児童福祉法」が改正されたことにより，保育士は国家資格化された。同法では「保育士とは，（中略）保育士の名称を用いて，専門的知識及び技術をもつて，児童の保育及び児童の保護者に対する保育に関する指導を行うことを業とする者をいう」（第18条の4）と定義されている。ここ

でいう「指導」とは，保育の専門知識に基づく助言・支持・支援である。つまり，保育士の業務は子どもの保育と保護者支援であることが明確に規定され，義務づけられたのである。

　また，ここでいう保護者とは主に保育所に入所している保護者を指すが，地域の子育て家庭も支援の対象とすることが期待されている。「児童福祉法」では「保育所は，当該保育所が主として利用されている地域の住民に対してその行う保育に関し情報の提供を行い，並びにその行う保育に支障がない限りにおいて，乳児，幼児等の保育に関する相談に応じ，及び助言を行うよう努めなければならない」（第48条の３）と定めている。よって，保育士は地域のすべての子育て家庭の支援を行う役割が法律上定められたのである。

保育士の家庭支援の対象＝入所している児童の保護者＋地域の子育て家庭

3.「保育所保育指針」の改定における家庭支援

　2008（平成20）年に改定された「保育所保育指針」において，保育所の役割は「保育所は，その目的を達成するために，保育に関する専門性を有する職員が，家庭との緊密な連携の下に，子どもの状況や発達過程を踏まえ，保育所における環境を通して，養護及び教育を一体的に行うことを特性としている」（筆者下線）と規定されている。つまり，子どもをよりよく育てていくためには，保育所と家庭とのパートナーシップが重要であることが示されている。

　また，「保育所は，入所する子どもを保育するとともに，家庭や地域の様々な社会資源との連携を図りながら，入所する子どもの保護者に対する支援及び地域の子育て家庭に対する支援等を行う役割を担うものである」とあり，保育所は地域の子育て家庭の支援を行う役割が強調されている。ただし，地域支援においては「その行う保育に支障がない限りにおいて」地域の子育て支援を行うと示されていることから，それぞれの保育所の実情を踏まえながら，定期的な子育て相談や園庭開放，一時保育など，地域の子育て家庭の実情や要望に応

じた積極的な支援が期待されている。

保育所の家庭支援の対象＝入所している子どもの保護者＋地域の子育て家庭

第2節　家庭支援を行う際の原則
（全国保育士会倫理綱領）

　子どもの保育や家庭支援を実践するうえで，保育士が心がけるべきことは，「全国保育士会倫理綱領」に掲げられている（表3-1参照）。そのなかで，家庭支援に関連する項目は，「③ 保護者との協力」「④ プライバシーの保護」「⑥ 利用者の代弁」「⑦ 地域の子育て支援」の4項目である。かつて，保育所の役割は「家庭の補完」とされていたが，現行の「保育所保育指針」においては，保育所と家庭が互いに協力し，子育てをしていくことが示されている。子どもの健やかなる発達を保障するためには，つまり「子どもの最善の利益」を保障する保育を展開していくためには，家庭（保護者）との連携は必要不可欠である。これらを踏まえながら，保育士が家庭支援を行う際の原則を考えてみよう。

表3－1　全国保育士会倫理綱領

① 子どもの最善の利益の尊重
② 子どもの発達保障
③ 保護者との協力
④ プライバシーの保護
⑤ チームワークと自己評価
⑥ 利用者の代弁
⑦ 地域の子育て支援
⑧ 専門職としての責務

注）下線は筆者が引いたものであり，家庭支援に関する事項である。
出所）全国保育士会倫理綱領

「保護者との協力」とは，子どもと保護者のおかれた状況や意向を受け止め，保護者とより良い協力関係を築きながら，子どもの育ちや保護者の子育てを支えることである。日々，子どもや保護者と接する保育士には，各家庭の状況や保護者のニーズを把握し，保護者の思いを丸ごと受け止め，信頼関係を構築していく姿勢が求められる。

　「プライバシーの保護」とは，子どもや保護者など一人ひとりのプライバシーを保護するため，保育を通して知り得た個人の情報や秘密を守ることである。保育所には，子どもとその家庭に関するさまざまな記録が日常業務のなかで扱われており，個人情報が外部に漏れることがあってはならない。「児童福祉法」にも，「保育士は，正当な理由がなく，その業務に関して知り得た人の秘密を漏らしてはいけない。保育士でなくなった後においても，同様とする」（第18条の22）と明記されており，違反した場合の罰則（第61条の2）も規定されている。例外として，児童虐待を発見した（もしくは虐待が疑われる）場合には，子どもの安全を最優先とするため，速やかに福祉事務所・児童相談所・児童委員に通告する義務がある。この場合は正当な理由として，秘密漏洩罪その他の守秘義務違反にはあたらないとされている。

　「利用者の代弁」とは，日々の保育や子育て支援活動を通して，子どもや保護者のニーズを受け止め，それぞれの立場に立って代弁することである。保育所を利用する子育て家庭のニーズを把握し，保護者の代弁者として保育内容や制度を充実させていくような働きにつなげていくことも必要である。

　「地域の子育て支援」とは，地域の人びとや関係機関とともに子育てを支援し，そのネットワークにより，地域で子どもを育てる環境づくりに努めることである。子どもは地域のなかで育つ存在であり，保護者は地域のなかで子育てをしていくことから，子育て支援も地域の人びとや関係機関とのネットワークのなかで実践することが必要である。特に，子育てに関するさまざまな機関との連携を進めていくなかで，日頃から「顔の見える関係」を築き，必要な時にお互いが協力し合える（活用し合える）関係を築いておくことが大切である。

第3章　保育者が行う家庭支援の原理　27

　以上のことから，保育所は地域の子育て支援の拠点であり，保育士は常に保護者に寄り添う姿勢をもちながら，「子育てしやすい」「子育てが楽しい」と思えるような豊かな地域社会づくりの役割を担うことが期待されている。

> 保育士が家庭支援をすること＝子育てしやすい地域社会づくり

第3節　保育士が行う家庭支援のあり方

1．保育ソーシャルワーク

　保育所は，児童福祉施設のひとつであり，入所する家庭や地域の子育て家庭を支える役割がある。「保育所保育指針解説書」によると，子育て支援の方法としてソーシャルワーク機能をあげており，保育士はソーシャルワークの原理（態度），知識，技術などを取り入れた「保育ソーシャルワーク」を展開することが必要であるとされている。ソーシャルワークとは，生活課題を抱える個人・集団・地域社会などを対象として，そのニーズを明らかにし，社会資源などを活用しながら問題解決する相談援助活動のことであり，主に社会福祉士などのソーシャルワーカーによって行われている。保育士は，社会福祉の専門職として家庭支援を行う側面をもつことから，保育に関するソーシャルワークを実践していくことが求められている。

　保育ソーシャルワークは，保育所が行うものと保育士が行うものの2通りが考えられるが，ここでは，主に保育士が行う保育ソーシャルワークである相談支援活動を取り上げる。保育所で想定される相談支援場面は，個別援助（ケースワーク），集団援助（グループワーク），地域援助（コミュニティワーク），ネットワーキングなどがあげられる。

> 保育ソーシャルワーク＝子育ての専門家＋ソーシャルワーク

28

（1）個別援助（ケースワーク）

　保育士が行う個別援助とは，通常，面接などを中心とする相談支援であるが，保育所の場合は相談室においての面接とは限らず，子どもの送迎時，たとえば保育室の片隅で行う場合もある。また，送迎時間に余裕がない保護者や主に親以外が送迎する家庭においては，電話や連絡ノートでのやりとりによる支援になることもある。

　個別援助の過程としては，1）インテーク，2）アセスメント，3）プランニング，4）介入，5）モニタリングである。以下に各段階の説明をする。

1）インテーク（初回面接・受理面接）

　保育所におけるインテークは，日常の送迎時に保護者からの悩みを聞く場面が多い。その際は，保護者の悩みや訴えを聞き，保護者が抱えるニーズを明らかにする。また，保護者がその問題を解決する意志があるか，それを保育所が支えていくことを確認するのがこの段階である。保護者が望まないのに，保育士が一方的に進めるものではない。保護者が自分で解決したい意志，つまり自己決定を尊重することが重要である。

2）アセスメント（事前評価）

　相談者の話の内容をもとに，相談者を取り巻く環境（子どもの問題，家族の問題，親類関係，職場，近隣，学校や地域の社会資源など）に関する情報を収集し，相談者が何にどのように困っているのかを客観的に分析する段階である。

3）プランニング（援助計画）

　アセスメントで分析した結果を踏まえ，どのようにしたら相談者の問題を解決できるか，援助計画を立てる段階である。援助計画には，すぐ実行可能な短期目標と最終的な解決である長期目標，その中間の中期目標がある。

4）介入（援助の実施）

　援助計画の内容を実施する段階である。保育士が一緒に実施する場合もあれば，保育士は相談者を見守り，側面から支援する場合もある。

5）モニタリング（中間評価）

介入の結果を目標に沿って総合的に評価し，次のプランニングを考えるのがこの段階である。介入の効果がみられない場合は，アセスメントを再度行い（再アセスメント），それをもとにプランニングを立て直すこともある。

（2）集団援助（グループワーク）

保育士が行う集団援助（グループワーク）とは，通常，クラスごとに定期的に行われる懇談会や親の会，障がい児の親の会，地域の親子向けの活動の会などが考えられる。このような保護者が複数参加する会において保育士が心がけることは，保育士が一方的に進めたり助言をするのではなく，参加した保護者同士が自由に発言し，お互いの悩みや経験が引き出されるような雰囲気づくりである。たとえば，1歳児クラスの懇談会で，家庭でトイレトレーニングに悩む保護者がいた場合，上のきょうだいをもつ保護者からの経験談を聞いた方が，同じ親目線でのアドバイスや共感が得られ，クラス内で支え合える関係づくりにつながる。

このように，集団援助においては，参加した保護者同士が共感し，お互いが役立ち合えるような連帯感を育んでいくためのファシリテーターとしての役割が保育士には求められる。

（3）地域援助（コミュニティワーク）

保育士が行う地域援助の代表的なものとしては，保育室や園庭を解放し，地域の親子に利用してもらうことである。毎日，あるいは曜日を決めて一定時間，専用の保育室で担当の保育士が地域の親子支援を行う場合もある。たとえば，季節の行事を取り入れることで，地域の子育て家庭が継続して参加すれば，入所していない保護者も子育ての専門家である保育士とつながり，子育てに関する悩みを聞いてもらったり，他の子育て家庭とつながることも期待できる。また，急な用事（冠婚葬祭，出産など）や育児疲れなどで一時的に子どもを預かる「一時保育」を行っている場合もある。

地域援助において，保育士が心がけることは，地域の親子が安心して保育所

を訪れることができるような環境づくりである。また，子育て家庭だけでなく，地域の特性を生かして，小・中学生や老人会などと世代間交流を積極的に図ることも良いだろう。地域全体で子どもたちの育ちを支え合う取り組みを保育所が中心となって行うことが，地域の子育て力の向上につながるのである。

（4）ネットワーキング

　保育士は，地域の子育ての専門職として，その地域の子育てや福祉に関するさまざまな機関と連携することが求められる。具体的には，児童相談所，福祉事務所，市町村の保育・保健担当，療育機関，医療機関，幼稚園，小中学校，地域の児童委員などと連携し，定期的に相談し合うことが望まれる。また，地域の要保護児童対策地域協議会などにも出席し，地域の子どもの福祉のために発言することもある。

　このように，一人ひとりの子どもが健やかに育っていくために，保育所を中心として，必要に応じて各専門機関が連携し，支援の輪を広げていくことがネットワーキングである。保育士はその調整役（コーディネーター）としての働きが求められているのである。

２．保育所の特性を生かした支援

　保育所の特性を生かした保育士の家庭支援について考えてみよう。保育所は，毎日保護者が子どもを送迎する。つまり，日常的に保育士と保護者が直接顔を合わせるので，継続的に家庭とかかわる機会が得られるという特性がある。保護者の子育ての喜びや悩みは，子どもの成長と共に変化していくが，保護者を継続的に支援できることが，保育所における家庭支援の最大のメリットなのである。

　保育所で行われる具体的な家庭支援としては，連絡帳の交換，定期的に発行されるおたより（園だより，クラスだより，給食だよりなど），保育参観，クラス懇談会などがある。また，遠足や運動会，発表会など保護者参加の行事については，保育士と保護者のかかわりだけでなく，保護者同士の交流の機会になる

第3章　保育者が行う家庭支援の原理　31

ことから，重要な家庭支援の機会として捉えていきたい。

> 保育所の特性＝子どもの成長に合わせた継続的な支援

3．相談支援の基本的姿勢

　相談をうける際の保育士の基本的態度は，傾聴の姿勢である。傾聴とは，「話し手のお話をそのまま受け止めながら聴くこと」である。保護者にとって，保育士は，我が子の成長を共に喜び，子育ての悩みを分かち合う存在であることが重要である。必ずしも助言する必要はない。保護者に代わって問題を解決するのではなく，保護者自身がその状況を改善できるよう，側面から支援していくことを心がけたい。保育士は，保護者の子育ての一番の理解者として，保護者を丸ごと受け止め，支え続けていく姿勢が求められる。

> 傾聴の姿勢＋側面からの支援＝保護者の育児力の向上

注
1）厚生労働省編『保育所保育指針解説書』フレーベル館，2009年，p.184

参考文献
井村圭壮・相澤譲治編著『保育と家庭支援論』学文社，2015年
井村圭壮・今井慶宗編著『現代の保育と家庭支援論』学文社，2015年
上田衛編『学ぶ・わかる・みえる　シリーズ保育と現代社会　保育と家庭支援（第2版）』みらい，2016年
新保幸男・小林理編『家庭支援論　基本保育シリーズ ⑬』中央法規，2016年
橋本祐子編著『家庭支援論』光生館，2011年

第4章

現代の家庭における人間関係

第1節　家族の変化

1．家族の縮小

　家族は時代の流れのなかで変化している。家族のメンバー数は1920（大正9）年から1950（昭和25）年までの30年間は約5人であったが，1950年以降は減り続け，2013（平成25）年には2.51人に減少している。

　また，家族構成は1975（昭和50）年はひとり暮らしを意味する単独世帯は18.2％，核家族は58.7％，祖父母と親や子どもからなる三世代家族は16.9％であった。その後，2013（平成25）年には単独世帯は26.5％に増加し，核家族は60.1％とほぼ横ばいであるが，三世代家族は6.6％と大幅に減少している[1]。

　家族メンバー数が少なくなり，単独世帯が増加していくと，今まで家庭内で担われてきた介護や子育ては人手が不足し，それらの課題に対応する力が弱まっていく。

2．家族を支える制度

　家族だけでは対応できなくなった課題は家族の外側から支える必要がある。しかしそのような制度は第2次世界大戦1945（昭和20）年が終わるまでは，ほとんどなかった。その後，国による年金制度が少しずつ整備され，1980年代

に入ると年金によって経済的に生活を営める高齢者が増えていった。また2000（平成12）年から高齢者の介護を家族だけではなく社会も支える仕組み，介護保険制度がスタートした。

また，1995（平成7）年のエンゼルプランを皮切りに，子ども・子育て支援新制度が整備され，社会全体が子育てを支える仕組みが徐々に出来上がってきている。

3．結婚の変化

結婚も時代の流れのなかで変化している。初婚年齢については，厚生労働省の「人口動態統計[2]」によると平均初婚年齢は1960（昭和35）年には男性は27.2歳，女性は24.4歳であったが，2015（平成27）年には男性31.3歳，女性29.4歳となり，結婚をする年齢が遅くなっている。この傾向を晩婚化とよぶ。

結婚するきっかけは1982（昭和57）年には，見合い結婚の割合が29.4％，恋愛結婚68.1％だったが，2010（平成22）年では見合い結婚は5.2％に減少し，恋愛結婚は88.1％を占めるまで増加した。職場，友人やきょうだい，学校が出会いの場となっている。

また，最終的に結婚を決めたきっかけは，妻の結婚年齢が25歳未満の夫婦では「子どもができた」ことをあげた夫婦がもっとも多く，半数（50.0％）を占めている。25歳以上では「子どもができた」ことは減り，「年齢的に適当な時期だと感じた」ことが半数を超える[3]。

特に25歳未満の結婚は，婚姻前妊娠による結婚が多い。そのため，子どもの誕生という大きな出来事が，結婚生活をスタートさせてすぐに待ち受けることになる。夫婦としての生活が短く，お互いの関係が十分に出来上がらない段階で，子育てに突入することになる。

離婚も時代と共に変化している。1900（明治33）年の日本の普通離婚率（人口千人対する年間離婚件数）は1.46％にのぼり，世界でも離婚の多い国であった。それ以降，減少傾向を示したが，第2次世界大戦直後（1947年～1952年）

ごろは社会的混乱期にあたり，離婚率は高かった。社会が安定するにつれて減少傾向を示していたが，1960年代以降は増加傾向にある。なお，離婚の増加は日本だけの現象ではなく，世界の他の国々にもみられる現象である。また，離婚後は母親が子どもの親権者になる場合が多い。[4]

　以上みてきたように，家族メンバー数の減少，晩婚化，婚姻前妊娠の増加，離婚の増加と家族は大きく変化してきている。

　結婚のきっかけは見合い結婚が減ってはいるが，まったくないわけではなく，異性との出会いがない人や相手に恵まれなかった人にとっては貴重な機会となる。また恋愛結婚に関しては，結婚相手を選ぶことは，個人の選択に委ねられる。結婚相手を探す方法として民間の結婚紹介業の果たす役割は大きく，インターネットなどの情報ツールを駆使した相手選びが行われている。しかし個人的仲人を介さない，このような相手選びは，人間関係のしがらみがないだけに，なかなか相手を定められず，成婚率はあまり高くない。

　また，結婚はかつてのように，家と家の地位や財産などの継承や，後継者の誕生が大きな目的ではなくなってきている。そのため，結婚は，夫婦間に愛情や心理的満足があるかという人間関係に重点がおかれることになる。この結婚の変化は「制度から友愛へ」と表現される。[5]

　そのような夫婦関係は，つねに愛情があるのか，心理的満足があるのかが，お互いに問い直されることになる。したがって，かつてのような経済的な協力関係が中心にある結婚と異なり，愛情という無形のもの，変化しやすいものが中心にすえられ，継続的に関係維持の努力と調整が必要となる。その結果，関係を維持することは難しいものになっていく。

　結婚の中身が愛情中心になったことで，妻や夫が心理的満足感を得られなければ夫婦の人間関係は容易に悪化し，離婚につながる可能性も高まることになる。また，女性が経済的に自立できる環境があることも離婚を後押ししている。結婚の意味が変化することによって，離婚が選択されやすい状況がうまれている。

第2節　子どもに関する変化

1．出生率

　生まれる子どもの数も変化している。どのくらい子どもが生まれているのか
を合計特殊出生率（1人の女性が一生に産む子供の平均数）からみると，1926（昭
和元）年から1975（昭和50）年までの合計特殊出生率は，第2次世界大戦後の
第1次ベビーブームとその子ども世代である第2次ベビーブームを除くと，4
を上回った時代から2を下回る時代へと変化している。特に1950（昭和25）年
以降は急激に低下している[6]。そして2014年の合計特殊出生率は1.42にまで下
がっている[7]。このような子どもがあまり生まれない状態を少子化とよぶ。

2．兄弟姉妹

　少子化になると，兄弟姉妹の数も減ることになる。第2次世界大戦前に生ま
れたコーホート（同じ時期に生まれた人のかたまり）ではきょうだいは平均5人
前後であったが，きょうだい数にばらつきが大きく3人や4人，8人以上とさ
まざまな人数の家庭があった。しかし出生率が低下した1950年代半ば以降の
コーホートでは，きょうだいは2人および3人が，あわせて全体の8割前後と
圧倒的多数を占めるようになった。つまり，きょうだいの人数は2人か3人に
画一化していった。一人っ子が増えてくるのは，1990年代を過ぎてからであ
る。

　きょうだいの構成はどのように変化したのだろうか。戦前生まれのコーホー
トでは7割の人が兄弟も姉妹もいるきょうだいのなかで育っている。兄弟と姉
妹のどちらかしかいない人は，それぞれ1割にとどまっていた。

　ところが，兄弟姉妹が平均5人から平均2人に減少すると，兄のみ，姉の
み，弟のみ，妹のみの4つのパターンがそれぞれ14～16％を占めるようにな
り，幅広いきょうだい構成から，単純な組み合わせになっていった。

第4章　現代の家庭における人間関係　37

　また，きょうだい人数の減少は，出生順序からみると三男・三女以上が激減
し，だれもが長男・次男か長女・次女へという画一化に結びついていった。[8]

　以上のように，戦後の日本では，きょうだいの減少と組み合わせの画一化が
進行している。そのような環境で子どもが育つことはどのような人間関係をも
たらすのだろうか。

　幼児期において，日常生活のなかで兄弟姉妹との交流や接触は，その後の人
生のなかで人間関係のあり方を学ぶ大きな機会になる。また兄弟姉妹の交友関
係から家庭以外の同世代，異世代の人びととの交流もひろがり，さまざまな人
とのコミュニケーションの仕方を身につけることにもつながってきた。したが
って，きょうだいの減少と組み合わせの画一化は，複雑で多様な人間関係を経
験することが少ないまま，学校や社会へ出ていく状況をもたらすことになる。[9]

第3節　家庭の人間関係

1．母親の結婚満足感

　家庭の人間関係を結婚満足感からみてみる。結婚に対する満足感には，男女
差が存在し，女性の方が低くなっている。さらに，結婚年数が短い人，子ども
がいない人ほど満足感は高くなっている。[10]

　なぜ，男性よりも女性の方が，また子どもがいない人よりもいる人の方が，
結婚満足感が低いのだろうか。そこには母親だけに集中する子育てがあるので
はないかと思われる。1990年代にはいると母親1人で育児を担う限界が，育
児不安や児童虐待，少子化問題という形で認識されるようになる。[11]さらに，夫
婦間のトラブルやもめごとは，男女ともに末子0－6歳の時期にもっとも多
い。それは，子どもの出生に伴う親としての役割に適応できないために夫婦間
の衝突，対立があらわれると考えられる。[12]

　戦前までは，家族のメンバー数は多く，また兄弟姉妹もたくさんいて，家庭
のなかにさまざまな子育ての担い手がいた。それが産業構造の変化や男性の長

38

時間労働，都市化による職住分離など時代の変化のなかで，子育てが母親だけに集中するような状況になっていった。そういったなかで母親は結婚満足感を低く感じていると思われる。

2．母親と子どもの関係

　母親と子どものかかわりは，母親は夕食や日常的な世話を通して，子どもと長くかかわっている。母親が感じている子どもとの関係はよく，子どもが18歳以下のどの年齢層でも90％が，子どもとの関係を「とても良好」と回答している。その理由は母親が子育てを中心とした生活を送っていることにより，このような母親と子どもの良好な関係が維持されているとも考えられる。母親が働いていることによる母親との関係には違いがみられなかった。[13]

　日本はとりわけ母子の関係が強いといわれ，いわゆる母子密着になる場合も多い。その背景として妊娠・出産・授乳を母親だけが経験するからだけではなく，父親と母親との間の育児分担の偏りが存在するからである。日本の父親が育児に積極的でない一方で，ほとんどの母親は，子どもの身の回りの世話を毎日行っている。共働きの家庭でも同様で，末子が２歳以下のときに99.4％の母親が毎日子どもの世話を行い，６歳以下では92.5％，７歳以上では79.5％が毎日子どもの世話をしている。さらに，母親は子どもの遊び相手としても大きな役割を果たしている。末子が２歳以下の場合，母親の90.7％がほぼ毎日子どもと遊び，６歳以下では59.3％，７歳以上では28.8％がほぼ毎日遊んでいる。母親が就業している場合には，就業していない母親に比べてやや少ないが，パートであってもフルタイムであっても母親は仕事で忙しい場合も子どもとの時間をつくっている。[14]

　「男性は仕事，女性は家庭」という性別役割分業意識をみると，女性よりも男性のほうがその考えに同感する割合が高い。[15]また，時代が進むにつれて男女ともに同感する人は少なくなってきている。しかし，女性は性別役割意識が男性よりも低いにもかかわらず，性別分業を前提とする雇用体制，不十分な家庭

外の子育て支援体制，家事処理能力の低い夫など，さまざまな状況のなかで，子育てを中心にせざるを得ない生活をしている。

また，子育ての悩みの経験が多いほど，抑うつ的傾向を示している。そういった状況のなかで，子育ての悩みを相談したり，子育て中の人びとが集う場所や機会を提供する子育て支援センターなど，子育てをする親のサポート体制は徐々に整備されている。[16]

3. 父親の子育て

母親1人が子育ての多くを背負っている一方で，子育ての悩み・不安は，男性にはほとんどみられない。これは育児分担が女性の側に圧倒的に多いだけではなく，責任の所在が母親に集中しているという育児に対する立場の違いによると考えられる。「この一ヶ月に家事・育児・介護などでの負担が大きすぎると感じたことは」女性は約60％，男性は20％，と大きな差があることからもうかがえる。[17]

また，父親と子どものかかわりは，第一子と「一緒に遊ぶ」回数は子どもが0－2歳では週4.4回，59％が「ほぼ毎日」行っているが，子どもの年齢が高くなると頻度は大きく下がる。子どもと「一緒に夕食をとる」回数は子どもの年齢にかかわりなく，およそ週3.5回であるが，「ほぼ毎日」と「週に1－2回」がそれぞれ40％前後を占めている。父親が仕事に多くの時間割かれていることが影響していると思われる。また親子の会話の頻度は父親と子どもの会話が母親と比べると極端に少なく，子どもの成長とともに会話は少なくなる傾向がある。父親と子どもの人間関係は良好とはいえない現状をあらわしている。[18]

「男性は外で働き，女性は家庭を守るべき」「子どもが3歳くらいまでは，母親が育児に専念すべき」「家族を経済的に養うのは男性の役割」の3項目について調べた性別役割意識によると，父親は性別役割意識が強いほど，育児の頻度が低くなることがわかっている。また父親の夫婦関係満足度は「子どもと遊

ぶこと」が多いほど高くなっている。[19]

したがって，子育てをしていくうえで，父親の性別役割分業意識がもっと柔軟になっていくことが，母親にとっても父親にとっても良好な人間関係を保つためには重要なポイントとなる。

注

1 ）厚生労働省「国民生活基礎調査」2016 年
2 ）厚生労働省「人口動態統計の年間推計」2015 年
3 ）国立社会保障・人口問題研究所「第 14 回出生動向基本調査」2010 年
4 ）森岡清美・望月嵩『新しい家族社会学』培風館，2009 年，p. 56
5 ）藤見純子・西野理子編『現代日本人の家族』有斐閣ブックス，2009 年，p. 73
6 ）前掲注 4 ），p. 26
7 ）前掲注 2 ）
8 ）前掲注 5 ），pp. 27-30
9 ）同上，p. 29
10）同上，p. 126
11）野々山久也編『家族社会学　論点ハンドブック』世界思想社，2013 年，p. 97
12）前掲注 5 ），p. 129
13）同上，p. 140
14）同上，pp. 133-135
15）前掲注 4 ），p. 99
16）前掲注 5 ），p. 136
17）同上，p. 136
18）同上，p. 151
19）同上，pp. 148-149

参考文献

厚生労働省「国民生活基礎調査」2016 年
厚生労働省「人口動態統計の年間推計」2015 年
国立社会保障・人口問題研究所「第 14 回出生動向基本調査」2010 年
野々山久也編『家族社会学　論点ハンドブック』世界思想社，2013 年
藤見純子・西野理子編『現代日本人の家族』有斐閣ブックス，2009 年
森岡清美・望月嵩『新しい家族社会学』培風館，2009 年

第**5**章

地域社会の変容と家庭支援

第1節　地域社会の変容

1．産業構造の変化と都市化

　日本は，1931（昭和6）年の「満州事変」以降，「日中戦争」を経て1945（昭和20）年，「第2次世界大戦」において敗戦に至るまでの長い間，断続的に戦争を行い，その間，市民は戦禍のなか，まさに「ほしがりません勝つまでは」の精神で苦難に耐え続けてきた。戦後は戦災孤児や浮浪児など子どもを取り巻く大きな問題などもあったが，総じて日本の敗戦後の復興はめざましく，世界からも注目されるほどの経済的急成長をとげた。1960（昭和35）年には，池田内閣が「国民所得倍増計画」を打ち出し，1964（昭和39）年には，国をあげて「東京オリンピック」が開催された。また，これに合わせるように都市のインフラ整備は急ピッチで進み，名神高速道路や東海道新幹線も開通した。

　産業構造の面では，1950年代には，すべての産業に占める「農林漁業作業者」いわゆる第1次産業に従事する人の割合は48.0％と，国民の2人に1人は，農業や林業，漁業に従事していた。しかし，その後の経済成長とともにこれらに従事する人は減少を続け，1965（昭和40）年には，「生産・工程，労務作業者」いわゆる第2次産業従事者の割合が第1次産業従事者を上回った[1]。この時期，日本は急速に工業化が進展するなか，農村地域から人口が東京，大

阪，名古屋などの都市部へ流入し都市化が進んだ。また，所得増加に伴う消費意欲の拡大により，人びとの家庭での暮らしにも変化が生じた。1950年代後半には，いわゆる「三種の神器（白黒テレビ，電気冷蔵庫，電気洗濯機）」といわれる家庭用耐久消費財が登場。さらにその後，1964（昭和39）年頃には，「オリンピックをカラーテレビで見よう」と宣伝され，「3C（自動車，クーラー，カラーテレビ）」の普及がはかられた。サラリーマンでも頑張れば家庭での生活が目に見えて豊かになった時代ともいえる。

　一方で，都市化による，核家族の増加により，男（夫）は外で働き，女（妻）は家事，育児を担うという「性別役割分業意識」が広まった時代でもある。また，いわゆる「終身雇用」や「年功序列型賃金」，「社宅」，「保養所」，「大運動会」など日本的な経営方式や「企業福祉」によって，多くの従業員は家族ともども，会社と一体的な意識をもちながら就労していた時代ともいえる。

2．情報化社会の進展と就労形態の変化

　1970年代以降の日本は，「オイルショック」の影響をうけ，これまでのような右肩上がりの経済成長を保ち続けることが困難になってきた。工場では，よりオートメーション化が求められ，コンピューターなどの電子機器が発展した。就業分野別にみるとサービス業，いわゆる第3次産業に従事する人の割合が著しく増加してきたのである。都市部ではコンビニエンスストアの開業により，人びとの消費意欲は，24時間刺激をうけるようになり生活スタイルも多様になった。インターネットや携帯電話，メールの普及は仕事や家庭，友人関係におけるコミュニケーションの内容と方法を大きく変化させた。また，日本では1980（昭和55）年頃から1990（平成2）年頃にかけて株価や地価の高騰による，いわゆるバブル経済期を経て，その後，バブル経済が崩壊し，デフレに陥った。近年では，アメリカの「リーマンショック」の影響をうけ，先の見えない経済状況が続くなか，企業側はこれまでの「終身雇用」や「年功序列型賃金」を見直し，非正規労働者を多く採用するようになっている。そのため，労

第5章　地域社会の変容と家庭支援　43

働者の賃金や待遇の格差は大きくなってきている。「貧困問題」は社会福祉の
なかでももっとも古くからあるテーマのひとつであるが，日本では近年，「子
どもの貧困²⁾」があらためて注目されている。

第2節　人口減少社会の到来

1. 少子高齢化社会の進行

　総務省の「人口推計」によると2014（平成26）年10月1日現在，日本の総
人口は1億2,708万3,000人と，前年に比べ21万5,000人の人口減となった³⁾。
近年の統計では，日本の総人口は毎年減少しており，国立社会保障・人口問題
研究所では，2110年には日本の総人口は，4,286万人にまで減少するのではな
いかと推計している⁴⁾。なお，世界的にみると，国連は2014年の世界総人口を
72億4,400万人と報告しており，2050年には97億，2100年には112億に達
するのではないかと推計している⁵⁾。日本など先進諸国では，すでに人口減少が
社会問題となっているが，世界的には依然として人口増加が課題となってい
る。

　さて，今，日本ではこれまでにない，人口減少社会，少子高齢化社会に突入
しようとしている。図5-1のように，14歳以下の「年少人口」割合は，1975
（昭和50）年に「第2次ベビーブーム」の影響で一時的に微増して以降，減少
を続け，2014年には12.8％と過去最低を記録している。また，15～64歳の
「生産年齢人口」の割合についても，1992（平成4）年の69.8％をピークに現
在まで低下し続けている。一方，総人口に占める老年（65歳以上）人口割合は，
1950年以降一貫して増加しており，1950年時点では4.9％であったのが1985
（昭和60）年には10.3％，2005（平成17）年には20.2％と急速に上昇している。
2014（平成26）年には26.0％と過去最高を記録した⁶⁾。つまり，今，日本では，
10人いればそのなかに65歳以上の高齢者が2，3人いるが，14歳以下の子ど
もは1人しかいないことになる。日本は近年，合計特殊出生率が少し上昇して

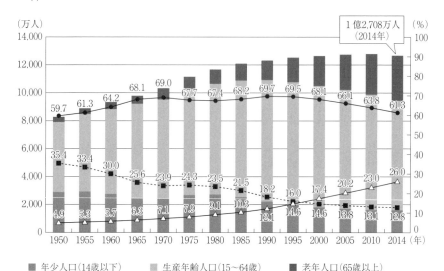

図5—1　年齢3区分別人口及び人口割合の推移

資料）総務省統計局「国勢調査」（年齢不詳の人口を按分して含めた。）及び「人口推計」
注）1970年までは沖縄県を含まない。
出所）厚生労働省編『厚生労働白書（平成27年版）』2016年，p.25

きているものの，高齢化率については他の国と比較しても進展が著しく速いといわれている。

2．少子高齢化社会の子ども家庭への影響

　人口の減少や少子高齢化社会の到来は，地域や家庭，子どもたちの育ちにどのような影響を与えているのだろうか。大都市の過密化とは反対に地方は過疎化し，少子高齢化の進展もよりいっそう進んでいる。子育てを取り巻く問題では都市部での待機児童問題とは異なり，地方では保育所や幼稚園，学校が統廃合されるところや，産科や小児科などの医療機関が閉鎖されているところも少なくない。また，子どもが少なくなったために，地域の運動会など，これまで行われてきた地域行事を行えないという問題もある。

2015（平成27）年に行われた厚生労働省の「人口減少社会に関する意識調査」では，「地域のつながりが10年前と比べてどのようになっているか」という質問に，「弱くなっている」または「やや弱くなっている」と思う人の割合が合わせて35.8％であった。また，その理由では46.9％が「少子高齢化や人口減少」をあげ，次いで45.8％が「人々の地域に対する親近感の希薄化」をあげている。地域のつながりが弱くなった理由を地域別にみると，人口5万人未満の自治体では「少子高齢化や人口減少」を選んだ人が56.2％と多くみられた。実際に地域での人付き合いも変化している。同年の同調査では，「日常的に立ち話をする程度の人」の人数について質問したところ38.5％が「0人」，「挨拶程度の付き合いの人」の人数についても19.6％の人が「0人」と回答している。近年，地域付き合いの希薄化を危惧する人が増えると同時に，実際，一定の割合で地域から孤立した生活をしている人びとの存在が浮かび上がる。

第3節　地域社会の再形成に向けて

1．地域での子育てとその支援の課題

　今日，核家族のなか親族や地域からの支えをうけにくい状態で子育てをしている世帯も少なくない。離婚によるひとり親世帯が増え，都市部で就労先を求めて，見知らぬ地域で借家暮らしをすることも珍しくない。誰しも親族や地域からのサポートをうけずに，仕事と子育ての両立を行うことは容易ではない。特に，日本の母子ひとり親家庭の相対的貧困率は高く，その半数以上が経済的に困難な状況で生活をしている。

　2010（平成22）年7月におきた大阪市西区での3歳と1歳8か月の2人の幼児が置き去りにされ死亡した事件は社会に大きな衝撃を与えた。都会のワンルームマンションから聞こえる幼児の泣き叫び，助けを求める声に対して，児童相談所の虐待ホットラインや警察へ通報した住民もいた。しかし，オートロッ

クのワンルームマンションであることや所在地に住民票がないことなどから行政による子どもの特定が遅れ，2人の幼児は餓死した状態で発見された。隣に誰が住んでいるかわからない匿名性の高い都市化社会。壁一枚隔てた隣の部屋で，孤立に追い込まれた子どもがいるかもしれない。特別な誰かによる事件ではなく，子どもと家庭を取り巻く状況が悪化していくなかで社会的孤立を深めると，誰にでも起こりうるかもしれない都市化社会の病理として捉えることもできる。

　2005（平成17）年7月1日から2014（平成26）年3月末までの約10年間に，日本では心中を含む児童虐待による死亡人数が1,009人[8]。平均すると毎年約100人の子どもたちが地域のどこかで虐待によって命を奪われている。そのため，国や自治体は児童虐待の早期発見に力を入れている。2015（平成27）年7月からは「189」の3桁ダイヤルによって，管轄の児童相談所へ通報できるシステムが始まっている。見知らぬ人であっても，虐待を疑えば匿名で通報できるシステムがより通報しやすい体制になった。

　その結果2015（平成27）年度の児童相談所での児童虐待相談対応件（速報値）は10万件を超えた[9]。

　もうひとつ，子育てと情報化社会や今日の地域，子育てについて考えさせられる事件がある。2014（平成26）年3月，仕事で数日間家をあけ，子どもたちの養育が難しくなった母親がネットで知った自称ベビーシッターの男性に子どもを預け，2歳の子どもが死亡してしまったという事件である。現代の親のほとんどが困難な生活状況に陥ったときに，まずインターネットに打開策を求める。そこには，あらゆる疑問や問題について無数の意見や解決へと導くサービスが提供されている。親族や地域から孤立した人が確かに存在し，インターネットの世界に一時的な解決を求めざるを得ない状況にあるということも理解しておく必要があるだろう。

2．子育てしやすい地域社会の形成

　少子高齢社会が進展するなか，これまでの自然な近隣の支え合いが困難になっている地域も少なくない。そのため保育所や児童館などでは，積極的に子どもたちと地域の高齢者がふれあえる行事を多く開催し，伝承遊びを子どもたちにいきいきと伝えていく高齢者の姿も見られる。核家族の子育て支援として，「地域子ども子育て支援事業（ファミリー・サポート・センター事業)」などがあるが，子育て世代と子育てを終えた世代が支え合える仕組み作りが求められる。また近年，子どもの貧困への対策，支援として NPO 団体などによる「子ども食堂」の開設が各地で相次いでいる。貧困の問題は経済的な面だけではなく，あらゆる面で機会の制限をうけるため，多様な支援が求められている。地域ではコミュニティソーシャルワーカーが，学校ではスクールソーシャルワーカーが地域のなかに埋もれる家庭の生活課題に寄り添いながら，地域の民生委員・児童委員と連携し支援を続ける例がみられる。地域の大人からのあたたかいまなざしや，日々の何気ない挨拶が子どもや家庭を支えている。小学生の登下校の見守りには，地域のお年寄りが欠かせない。少子化の時代だからこそ，家庭だけではなく，社会全体として地域のなかで子どもを育むという意識をもち，子育て世代を応援する制度やサービスが求められる。そして，保育専門職は，地域の保育・教育にかかわりながら，子どもを中心として地域をつなぐ役割を担っていることを忘れてはならない。

注

1）厚生労働省編『労働経済白書（平成 22 年版)』2010 年，pp. 88-90
2）経済協力開発機構（OECD）では，国民一人ひとりが 1 年間に得た所得から税金や社会保険料を引いた手取り（可処分所得）を子どもも含めた国民全員で，その額の高い順に並べ，真ん中にあたる人の所得を中央値とし，その中央値の半分を「貧困ライン」と決め，所得がそれ以下の人を「相対的貧困」と呼んでいる。また，「貧困ライン」以下にいる子どもの数を，その国の子ども全員の数で割った割合を「子どもの貧困率」という。日本では 2009（平成 21）年に初めて子ど

もの貧困率が公表された。2013（平成 25）年に公表された「国民生活基礎調査」の概況によると，2012（平成 24）年の「貧困ライン」は 122 万円。「子どもの貧困率」（17 歳以下）は 16.3％。ひとり親世帯では 54.6％と非常に高い。

3）総務省統計局「人口推計（平成 26 年 10 月 1 日現在）結果の要約」
http://www.stat.go.jp/data/jinsui/2014np/#a05k26-b（2016 年 10 月 5 日アクセス）

4）国立社会保障・人口問題研究所「日本の将来推計人口（平成 24 年 1 月推計）報告書」
http://www.ipss.go.jp/syoushika/tohkei/newest04/con2h.html（2016 年 10 月 5 日アクセス）

5）UNFPA「世界人口白書 2014（日本語版）」
http://www.unfpa.or.jp/publications/index.php?eid=00038&showclosedentry=yes#h2-49（2016 年 10 月 5 日アクセス）

6）厚生労働省編『厚生労働白書（平成 27 年版）』2016 年，pp. 25-26

7）厚生労働省「『人口減少社会に関する意識調査』の結果」
http://www.mhlw.go.jp/file/04-Houdouhappyou-12601000-Seisakutoukatsukan-Sanjikanshitsu_Shakaihoshoutantou/002_1.pdf（2016 年 10 月 5 日アクセス）

8）厚生労働省社会保障審議会児童部会児童虐待等要保護事例の検証に関する専門委員会「子どもの虐待による死亡事例等の検証結果等について（第 11 次報告）」2015 年，http://www.mhlw.go.jp/file/06-Seisakujouhou-11900000-Koyoukintoujidoukateikyoku/0000099959.pdf（2016 年 10 月 5 日アクセス）

9）厚生労働省「平成 27 年度児童相談所での児童虐待相談対応件数（速報値）」2016 年，http://www.mhlw.go.jp/file/04-Houdouhappyou-11901000-Koyoukintoujidoukateikyoku-Soumuka/0000132366.pdf（2016 年 10 月 5 日アクセス）

参考文献

厚生労働省編『厚生労働白書（平成 27 年版）』2016 年

厚生労働省社会保障審議会児童部会児童虐待等要保護事例の検証に関する専門委員会「子ども虐待による死亡事例等の検証結果等について（第 11 次報告）」厚生労働省，2015 年

吉川洋『人口と日本経済』中央公論新社，2016 年

杉山春『ルポ　虐待』筑摩書房，2013 年

原田正文『完璧志向が子どもをつぶす』筑摩書房，2008 年

「ネット通じ預けた 2 歳児死亡」2014 年 3 月 18 日付朝刊，『朝日新聞』

平成 27 年度「児童相談所での虐待相談対応件数〈速報値〉」厚生労働省，2016 年

第 **6** 章

男女共同参画社会と
ワークライフバランス

第1節　男女共同参画社会とは

1．家族のおかれた歴史的背景と現状

　イギリスにおいては，18世紀の後半に産業革命がおき，石炭を動力とする機械制工業が発展し，「大量生産」，「大量消費」の社会が到来した。この革命により，「農業中心」から「工業中心」へと転換し，家族構造も，「大家族」（直系家族）から未婚の子どもと夫婦からなる「核家族」が急激に増加した。また，社会的分業が進み，「男性は仕事」，「女性は家庭」という価値観が拡がり，「家事」，「育児」などの業務は女性が担うことになった。

　加えて，わが国では戦前まで「家制度」が組み込まれており，「戸主」（父親）の権限が強く，女性は，戸主の命令に服従しなければならないこととされ，現在のような自由は抑圧されたのである。婚姻も，戸主から決められた相手と結ばれることが一般的であり，家の存続が優先された。いわば，女性はその手段のひとつとして利用されたことは否めない。

　戦後になり，「日本国憲法」の制定により，「男女の平等」が謳われ，婚姻も両性の合意に基づいて可能となった。また，1960年代，「高度経済成長期」には，「産業化」，「工業化」が進展し，企業などに雇用される者が増加した。同時に「直系家族」から「核家族」へと家族構造が変化し，「男性は仕事」，「女

性は家庭」という固定役割分業が社会に根づき始めたのである。これがいわゆる「ジェンダー」(社会的性差) 問題を露呈させた。

なお，戦後，「日本国憲法」や「民法」改正により，法的には「男女平等」が謳われたが，実際には「高度経済成長期」から今日まで「ジェンダー」(社会的性差) は，本質的に解決されずに今を迎えている。

2012 (平成24) 年に内閣府は，「男女共同参画社会に関する世論調査」を行った。同調査の質問「家庭生活において男女の地位は平等か」に対して，回答では女性の50%以上が不平等と答えている。また，「職場において男女の地位が平等か」での問いに対して女性の70%以上が不平等と答えている[1]。このことは，現実には男女平等，特に家，職場における「ジェンダー」(社会的性差) の問題が根強く横たわっていることを示している。

また，2013 (平成25) 年の内閣府の調査では，管理職に占める女性の割合は12.1%であり，海外の先進国と比較してきわめて低い。この課題を改善するために，国は2020 (平成32) 年までにこの割合を30%に高める目標を掲げている。

2．女性就労の現状

図6-1にあるようの女性の年齢階層別労働力率の世代による特徴をみると，「M字雇用」になっている。女性は学校などを卒業すると企業などへ就職するため就業率は20歳から24歳がピークに達し，その後ゆるやかに減少している。そして，30歳後半からまた上昇傾向にある。これは「結婚」，「出産」などにより，離職し，子育てが一段落したあと就業している者が多いことを示している。また，年齢によって相違があり，若年者になるほど，離職率が減少していることが理解できる。この「M字雇用」の課題は，先述した「男女固定役割分業」が今だに存在していることを意味している。男性も「子育て」，「家事」などを担い，女性も本人の能力や意志などによって社会参加していくことが望まれる。

第6章　男女共同参画社会とワークライフバランス　51

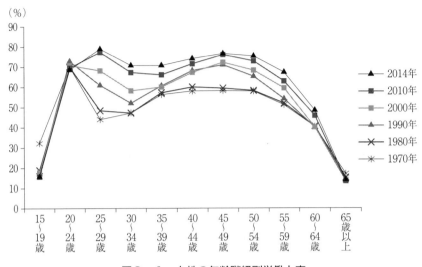

図6−1　女性の年齢階級別労働力率

資料）総務省「労働力調査」
出所）橋本祐子編『家庭支援論』光生館，2016年

3．ジェンダーギャップ指数

　2015（平成27）年，世界経済フォーラムは男女格差を測るジェンダーギャップ指数を発表した。これは，4つの分野から作成されている。0が完全不平等，1が完全平等を意味している。具体的には，この4分野は経済分野（給与，雇用数，管理職や専門職での雇用における男女格差），教育分野（初等教育や高等，専門教育の就学），政治分野（意志決定機関への参画），保健分野（寿命と男女比）を指し，指数は0.670である。各分野では，経済分野0.610，教育分野0.9880，政治分野0.1030，保健分野0.979であり，特に政治分野ではきわめて低いことが特徴である。上位国はおもに北欧であり，アイスランド，ノルウェー，フィンランド，スウェーデン，アイルランドである。この理由として，[2]「男女共同参画社会」を具体的に実施するための「子育て支援」，「男女の雇用における平等」，「女性の政治参加」などの個々の政策実現により，達成したも

のと考えられている。わが国は，142ヵ国中101位であり，先進国としてきわめて低く，4分野の改善が喫緊の課題となっている。

4．男女共同参画社会とは

「男性は仕事」，「女性は家庭」という男女の固定役割概念は，先述したように高度経済成長期の1960年代以降顕著となった。また，家庭，地域社会，職場などにおいて男性，女性の固定的な性差が戦前から，社会的，文化的に形成されてきており，今日になってもその残滓があることは否めない。このような固定的な性差の解決や男女平等の政策に大きな影響を与えたのが，1978（昭和53）年に開始された「国際婦人年」であり，この影響で「国際連合」は1985（昭和60）年，男女の一切の差別を禁止した「女性差別撤廃条約」を採択した。この条約の趣旨は，「男女の固定的役割分業」を撤廃するものであり，「女子差別」を禁止する国内法を整備することを条文で謳っている。わが国は，1999（平成11）年にようやく「男女共同参画社会基本法」を制定した。

（1）男女共同参画社会基本法とは

この法の「目的」は，「男女の人権が尊重され，かつ，社会経済情勢の変化に対応できる豊かで活力ある社会を実現することの緊急性にかんがみ，男女共同参画社会の形成に関し，基本理念を定め，並びに国，地方公共団体及び国民の責務を明らかにするとともに，男女共同参画社会の形成の促進に関する施策の基本となる事項を定めることにより，男女共同参画社会の形成を総合的かつ計画的に推進することを目的とする。」と規定している。（同法第1条）

「男女の人権の尊重」は次のように規定している。「男女共同参画社会の形成は，男女の個人としての尊厳が重んぜられること，男女が性別による差別的取扱いを受けないこと，男女が個人として能力を発揮する機会が確保されること，その他の男女の人権が尊重されることを旨として，行われなければならない。」（同法第3条）

この他にも，①社会における制度的又は慣行についての配慮，②政策等の

立案及び決定への共同参画，③ 家庭生活における活動と他の活動の両立，④ 国際的協調等がある。

同法は，前文，第1，第2，第3章で構成されている。

（2）男女共同参画基本計画

同法に基づいて「基本計画」が策定されている。同法制定より，第4次の計画が2016（平成28）年に策定され，公表された。

この概要は2025（平成37）年末までの「基本的考え方」と「施策の基本的方向」，「具体的な取り組み」を定めたものである。目指すべき社会は，①「女性の能力を十分発揮できる多様性にとんだ豊かで活力ある社会」，②「男女の人権尊重」，③「男性中心型労働慣行等を通じ，仕事と生活の調和」，④「男女共同参画をわが国における最重要課題として位置づけ，国際的な評価を得られる社会」の4項目を謳っている。また，4次計画で改めて強調されている視点は，「女性に対する暴力の根絶にむけた取り組みを強化」などの7つの項目も同時に公表されている。加えて，第2部の施策の基本的方向と具体的な取り組みのなかで政策分野が4つに分類されており，①「あらゆる分野における女性の活躍」，②「安全・安心な暮らしの実現」，③「男女共同参画社会に向けた基盤の整備」，④「推進体制の整備・強化」も盛り込まれた。

このように2020（平成32）年までに，これらの具体的な施策の推進が予定されており，これからの動向に注視しなければならない。

5．男女の社会参加における関係法など

戦後の高度経済成長期において，先述したとおり「男女の固定役割分業」が定着し，女性の社会参加は進まず，男性中心の社会が構築されていった。

このような状況のなか，男女の就業などの平等を規定した「男女雇用機会均等法」が1986（昭和61）年に制定された。同法第1条1項では「すべての国民は，法の下に平等であって，人種，信条，性別，社会的身分又は門地により，政治的，経済的又は社会的において差別されない」とあり，男女の普遍的平等

を謳っている。

　また，労働者の見地から「労働基準法」第3条では，「使用者は，労働者の国籍，信条又は社会的身分を理由として，賃金，労働時間その他の労働条件については差別的取り扱いをしてはならない。」とあり，男女の労働条件，賃金などにおいて差別を禁止している。

（1）男女雇用機会均等法

　この法の概要は，男女の「募集」，「採用」，「給与」「昇進」などあらゆる就労に関係する「男女の平等」を謳っていたものである。しかし，同法は罰則規定がないため企業は男性の採用を「総合職」，女性の採用を「一般職」の「コース別採用制度」を導入した。基幹労働者は男性中心の状況は現在も続いている。

　近年では，2006（平成18）年に同法が改正され，「間接差別禁止」が規定された。これは，女性が働きやすい仕組みをつくり，男女ともに「仕事と生活」の両立を図ることを目的としたものである。今後も本質的な男女平等の雇用現場の整備が急務となっている。

（2）女性活躍推進法

　2015（平成27）年に「女性活躍推進法」が制定され，女性の職場における活躍を推進することを目的に同法が創設された。

　翌年から，301人以上の労働者を雇用する事業主は，① 自社の女性の活躍状況把握，課題分析，② 行動計画の策定，届出，③ 情報公開などを行うことが義務化された。

　具体的には，女性の活躍を促進するための数値目標を設定し，取り組みを盛り込んだ行動計画を策定することとなったのである。この行動計画は，「計画期間」，「数値目標」，「取組内容」，「取組の実施時期」を盛り込み，計画の周知，また自社の女性の活躍状況を公表する義務を負う。

　また，女性の活躍が著しい企業などに対しては，厚生労働大臣の認定をうけることができ，認定をうけた企業などは同大臣が定めた認定マークを商品に印

第6章　男女共同参画社会とワークライフバランス　55

字することができ，女性活躍向上のインセンティブ（誘因）が付加されたのである。

なお，300人以下の事業所は努力義務となっている。

第2節　ワークライフバランス（仕事と生活の調和）とは

1．ワークライフバランスの社会的背景

　私たちは，なんらかの職業などに従事し，生活の糧をえている。仕事，労働は生活を維持するうえで重要であり，人生の大半を占めるものである。しかし，1960年代の高度経済成長により，「労働時間の長期化」が顕著になり，働きすぎによる「過労死」などが社会問題となった。私生活に回せる時間がほとんどなく，「子育て」,「家事」,「介護等」の仕事はもっぱら女性が担うことになり，これが現在の「少子化」に拍車をかけているのである。

　重要なことは，男女共に「仕事と子育て」,「介護」,「家族」,「地域」,「自己啓発等」にかかる個人の時間との調和ができる社会を構築していくことが求められている。そのために，国，自治体，企業，市民はそれぞれの立場から「ワークライフバランス」（仕事と生活の調和）の実現に向けての行動が期待されている。

　しかし，現実の社会においては，「仕事」,「子育て」,「介護等」によって2つの両立が困難であり，さまざまな課題が生じている。たとえば，正社員，非正規社員の働き方の二極化による生活格差や，「男女固定役割分業」のため女性の社会参加が遅れ，女性の非正規雇用の増加によって，不安定な生活を余儀なくされている。社会全体として，女性，高齢者，障がい者などの社会参加を促し，多様な働き方，生き方が選択できる社会の構築が今こそ必要である。

2．わが国のワークライフバランスの課題

　ここでは，わが国の「労働時間の長期化」を取りあげる。この理念を実現するためには労働時間の短縮を実施しなければならない。「労働基準法」では，1週間あたり40時間が定められているが，残業時間に対しては「割増賃金」が支払われる制度になっている。しかし，「サービス残業」として処理される傾向があり，「長時間労働」を生みやすい状況である。さらに，休日日数も少なく，年次有給休暇の取得率も先進国においてきわめて低いといわざるをえない。わが国は国際労働機関の「労働時間に関する条約」も批准しておらず，「長時間労働」に対する取り組みが急務であり，国民的な議論が必要である。

3．ワークライフバランスの取り組み

（1）国の取り組み

　国も，この理念に取り組むため，2007（平成19）年に関係閣僚，経済界，労働界，地方公共団体の代表者を構成者として「仕事と生活の調和（ワークライフバランス）憲章」を策定した。

　この憲章の目指すべき方向として①「就労による経済的自立が可能な社会」，②「健康で豊かな生活のための時間が確保できる社会」，③「多様な働き方・生き方が選択できる社会」，をあげ，「企業と働く者」，「国民」，「地方公共団体」が果たすべき役割を明示し，各主体の具体的取り組みは，「仕事と生活の調和推進のための行動指針」に定めることになった。

　「同指針」は国，自治体，企業などが同憲章内容を現実に実現するために，数値目標を設定し，各主体とも全力をあげて取り組んでいる。なお，国，自治体の数値目標の内容は以下のとおりである。①「就業率」，②「時間あたりの労働生産性の伸び率」，③「フリーターの数」，④「労働時間等の課題について労使が話し合いの機会を設けている割合」，⑤「週60時間以上の雇用者の割合」，⑥「年次有給休暇取得率」，⑦「メンタルヘルスケアに関する措置を受け

第6章 男女共同参画社会とワークライフバランス　57

られる職場の割合」，⑧「在宅のテレワーカーの数」，⑨「短時間勤務を選択で
きる事業所の割合」，⑩「自己啓発を行っている労働者の割合」，⑪「第1子出
産前後の女性の継続就業率」，⑫「保育等の子育てサービスを提供している割
合」，⑬「男性の育児休暇取得率」，⑭「6歳未満の子どもを持つ夫の育児・家
事関連時間」。

　また，国においては内閣府に「仕事と生活の調和推進室」の組織を設け，経
済界，労働界，国，地方公共団体が一堂に会議をする「仕事と生活の調和推進
官民トップ会議」を設置し，各々の数値目標を評価するしくみが構築されてい
る。

注

1）内閣府は平成24年12月15日「男女共同参画社会に対する世論調査」を公表
　　した（出所内閣府ホームページから）。(2016年10月17日アクセス)
2）出所 http://memorra.jp/ranking/world/wt_global_gender_gap_r（2016年10月
　　17日アクセス）2015年の世界フォーラムは男女格差をはかるジェンダーギャッ
　　プ指数をホームページで公開している。

参考文献

伊藤公雄『男女共同参画が問いかけるもの―現代日本社会とジェンダー・ポリティ
　　クス』インパクト出版会，2009年
岩上真珠『ライフコースとジェンダーから読む家族（改訂版)』有斐閣，2010年
大橋真理『男女共同参画社会をつくる』NHKブックス，2002年
北九州市立男女共同参画センタームーブ編『女性と少子化』明石書店，2006年
厚生労働省編『厚生労働白書（2016年版)』2016年
佐藤博樹ほか『ワークライフバランスと働き改革』勁草書房，2011年
内閣府男女共同参画会議仕事と生活の調和（ワーク・ライフ・バランス）に関する
　　専門調査会「『ワーク・ライフ・バランス』推進の基本的方向報告」2007年
橋本祐子編著『家庭支援論（第2版)』光生館，2016年
松井圭三編『家庭支援論』大学教育出版，2012年

第 **7** 章

子育て家庭の福祉を
図るための社会資源

第1節　子育てと社会資源

1．子育て家庭を取り巻く状況

　近年，核家族化や都市化の進展による子育て家庭の孤立，地域社会の子育て
機能の低下など，育児不安の広がりを背景にして，一般的な子育て家庭からの
相談ニーズが増大し，虐待や育児放棄などの深刻な事件も急増している。

　子育てをしていて負担・不安に思う人の割合として，「とてもある」「どちら
かといえばある」と答えた人は，男性で 67.4%，女性は 77.3%にのぼる。こ
のような状況を踏まえ，子育て支援施策が拡充，強化されてきている。

2．子育てを支援する制度やサービス

　わが国における子育て支援施策は，2004（平成16）年の「児童福祉法」改正
により法定化された。同年に「少子化社会対策大綱」が閣議決定され，「子ど
も・子育て応援プラン」により，具体的な数値目標を掲げて，全国的に地域子
育て支援の取り組みが進められるようなった。

　2015（平成27）年に出された「少子化社会対策大綱」では，子育て支援施策
の一層の充実を目指し，切れ目のない，きめ細かな取り組みを進めることとし
ている。制度やサービスの拡充のみならず，子育て家庭がいかに適切にそれを

利用できるか，サービスと利用者を結びつける工夫が必要となる。

　子育て支援施策などの社会資源の活用により，子育て家庭の不安感や負担感を軽減させ，また，虐待などを予防することも期待される。社会資源とは，生活上のニーズを充足するさまざまな物資や人材，制度，技能の総称であり，行政や社会福祉法人によるサービスなどのフォーマルなものと，近隣の人びとや友人などのインフォーマルなものに分けられる[2]。

第2節　子育て家庭を支える社会資源

1．フォーマルな社会資源による家庭支援

　子育て支援施策が法定化され，子ども・子育て支援新制度によりさらに地域の子ども・子育て支援事業が拡充されている。その担い手についても，従来の専門職に加え，新たな人材の確保，育成が大きな課題になっている。また，子ども虐待や社会的養護の課題に対応すべく，専門機関の体制強化も図られている。これらの社会資源が重層的にまた横断的に連携・協働することで，子育て家庭の福祉が図られることになる。

（1）市町村

　2004（平成16）年の「児童福祉法」改正により，子どもに関する相談は第一義的に市町村が担うこととなった。「市町村児童相談援助指針」により，児童相談所との役割分担と連携を図りながら，相談・通告に対応するとともに，要保護児童対策地域協議会の調整機関の役割を担うこともある。

（2）福祉事務所（家庭児童相談室）

　福祉事務所は，その管轄する地域の住民の福祉を図る行政機関であり，福祉六法（生活保護法，児童福祉法，母子及び父子並びに寡婦福祉法，老人福祉法，身体障害者福祉法及び知的障害者福祉法）に基づく事務を行っている。ひとり親家庭の福祉に関する事務や子育ての相談も実施している。

　また，福祉事務所には，子ども家庭福祉に関する相談援助を行う「家庭児童

第7章　子育て家庭の福祉を図るための社会資源　61

相談室」が設置され，子育ての不安や悩みに，家庭相談員などが応じている。

（3）児童相談所

　児童相談所は，市町村と適切な役割分担・連携を図りつつ，子どもに関する家庭その他からの相談に応じ，子どもが有する問題または子どもの真のニーズ，子どもの置かれた環境の状況などを的確に捉え，個々の子どもや家庭にもっとも効果的な援助を行い，もって子どもの福祉を図るとともに，その権利を擁護することを主たる目的として設置されている[3]。

　近年は特に子ども虐待への対応が重要な役割となり，電話番号「189番（いちはやく）」を全国共通ダイヤルとして通報や相談をうけている。都道府県及び政令指定都市に設置義務があり，中核市にも設置できるもので，全国に209ヵ所（平成28年4月1日現在）あるが，「児童福祉法」改正（2017（平成29）年4月1日施行）により，設置自治体が拡大され体制の強化が図られる。

（4）児童家庭支援センター

　児童家庭支援センターは，子ども，家庭，地域住民などからの相談に応じ，必要な助言，指導を行う児童福祉施設であり，児童相談所や他の児童福祉施設など，関係する機関の連絡調整も行っている。児童相談所を補完するものとして，児童養護施設などの児童福祉施設などに設置されている。

（5）保健所・市町村保健センター

　保健所は，都道府県，政令指定都市，中核市に設置され，広域にわたる地域保健を担い，精神保健や感染症対策などを担っている。

　市町村保健センターは，より住民に身近な機関であり，妊産婦や乳幼児健診，新生児訪問，保健指導などを行っている。

　妊娠期から子育て期にわたるまでの切れ目ない支援を行うとされている「子育て世代包括支援センター」（後述）は，市町村保健センターの活用も想定されている。

（6）保育所，幼稚園，認定こども園

　保育所は，入所中の子どもの保育や保護者支援のみならず，地域の子育て家

庭への相談援助などは重要な役割となっている。

幼稚園においても，在園児の一時預かりのほか，未就園児の親子を対象とした相談援助や園庭開放などの地域の子育て家庭への支援を行っている。

幼保連携型認定こども園においては，子育て支援が重要な役割となっており，未就園児の親子のための交流の場を設けたり，子育ての相談に応じている。

（7）子育て支援を支える人

1）児童委員・民生委員，主任児童委員

児童委員は，厚生労働大臣から委嘱され，地域において住民の立場に立って，子どもや子育て家庭を見守り，相談・支援活動などを行っており，民生委員は児童委員を兼ねている。

主任児童委員は，子どもの福祉に関することを専門に担当している児童委員である。

2）スクールソーシャルワーカー

学校現場において，不登校やいじめなどの問題に加え，学級崩壊といわれるような現象もみられるようになっている。また，虐待や貧困の問題も顕在化し，学校だけではなく，家庭や地域，関係機関も含めたネットワークによる支援が求められ，子どもや家庭の福祉を図る専門職として，スクールソーシャルワーカー（SSW）の配置が進められている。

3）子育て支援員

子育て支援サービスを担う人材の確保のため，子育て支援に関する知識や技能などを修得するための研修を行い，子育て支援員を養成している。

子育て支援員は，ファミリー・サポート・センター事業の提供会員や地域子育て支援拠点事業の従事者，利用者支援事業における利用者支援専門員，小規模保育事業や家庭的保育事業の家庭的保育補助者として，子育て支援分野での担い手となる。

第7章　子育て家庭の福祉を図るための社会資源　63

(8) 多様な保育サービス

「子ども・子育て支援新制度」のなかで，「地域子ども・子育て支援事業」として，子育て家庭の多様なニーズに対応したさまざまな保育サービスが用意されている。日曜・休日に保育を要する家庭のための休日保育，一時預かり事業，病児保育事業などがある。

病児・病後児保育には，医療機関（病児）や保育所（病後児）などの病児保育施設で子どもを預かる「施設型」と，看護師や保育士が病児や病後児のいる家庭を訪問して保育を行う「訪問型」がある。

(9) 子育て短期支援事業（ショートステイ，トワイライトステイ）

ショートステイは，保護者が一時的に子どもを養育することができない場合，原則として7日以内，乳児院や児童養護施設などにおいて子どもを養育・保護する事業である。

トワイライトステイは，保護者が仕事などで平日の夜間または休日に不在となり，子どもの養育ができない場合に，児童養護施設などにおいて子どもを保護する事業である。

(10) 地域子育て支援拠点事業

公共施設や保育所，児童館など地域の身近な場所において，地域で子育てを支えることを目的に，① 子育て親子の交流の場の提供と交流の促進，② 子育て等に関する相談，援助の実施，③ 地域の子育て関連情報の提供，④ 子育て及び子育て支援に関する講習等を実施するもので，常設の地域の子育て拠点を設けて実施される「一般型」と，児童館などの児童福祉施設などにおいて施設職員が協力して実施する「連携型」とがある。

(11) 子育て援助活動支援事業（ファミリー・サポート・センター事業）

ファミリー・サポート・センター事業は，地域において援助を行いたい者と援助をうけたい者との会員組織で，既存の体制では応じきれない変動的，変則的な保育ニーズに対応するため，地域における育児に関する相互援助活動を行うものである。

(12) 放課後児童クラブ（放課後児童健全育成事業），放課後子供教室

放課後児童クラブは，保護者が就労などにより昼間家庭にいない小学生に，放課後に児童厚生施設などの施設を利用して適切な遊び及び生活の場を与え，その健全な育成を図る事業である。

放課後子供教室は，小学校の余裕教室などを活用して，地域住民の参画をえて，放課後や週末などにおいて，子どもたちとともに行う学習やスポーツ・文化活動などの取り組みを支援するものである。

(13) 児童館

児童館は，子どもに健全な遊びを提供して，その心身の健康を増進し情操を豊かにすることを目的とする児童厚生施設であり，事業規模や設備によって，① 小型児童館，② 児童センター，③ 大型児童館（A型，B型，C型）に分かれる。子どもへの支援のみならず，母親クラブや子ども会などの地域組織活動の拠点でもあり，子育て中の親への支援活動も行っている。

(14) その他の公的機関による家庭支援

1）乳児院，児童養護施設など

乳児院や児童養護施設は，社会的養護における援助活動のほか，その専門的知識と技術により，地域の子育て家庭に対する相談援助などの支援も行っている。

2）発達障害者支援センター

発達障害者支援センターは，保健，医療，福祉，教育などの関係機関と連携し，発達障がい児（者）とその家族からのさまざまな相談に応じ，指導と助言を行う専門的機関である。

3）児童発達支援センター，児童発達支援事業

障がいのある就学前の子どものための通所支援として児童発達支援があり，児童発達支援には，児童福祉施設としての「児童発達支援センター」（「医療型」と「福祉型」）と，それ以外の「児童発達支援事業」がある。

4）その他の公的機関

その他，子育て家庭を支える機関としては，警察の生活安全課や家庭裁判所があげられる。また，全国で実施されている「小児救急電話相談事業（＃8000）」（全国共通の短縮番号）では，休日・夜間などの子どもの急病への相談を行っている。

2．インフォーマルな社会資源による家庭支援

子育て家庭にとって，身近な子育て協力者は精神的にも大きな支えになる。親族や友人，地域といった個人的なつながりのなかで，悩みを打ち明ける，助言を請う，情報をえる，託児を依頼する，あるいは子どもの成長をともに喜び合うなど，日常的なサポートをうけることによって，子どもとともに親としても成長していくことになる。

地域のつながりが薄れ，親族の協力も得られずに子育て家庭が孤立しやすい状況の現在，地域の子育てネットワークを強化し，また，子育ての当事者の交流を図ろうとするなど，新たなつながりをつくる動きもある。

（1）親族，知人，地域住民

子育ては家族で助け合い，ときに自分の親である祖父母などの親族の協力が支えになる。しかし，都市化や核家族化が進み，また家族の規模が縮小するなかで，家族や親族の協力が得にくい状況が生まれている。

友人，知人などには，気軽に子育ての不安や悩みを相談し，子育ての喜びを共有でき，子育てのストレスの緩和につながる。

（2）地域，商店，企業など

企業や商店が，子育てを応援するイベントを開催したり，子育て家庭に独自のサービスを提供するなど，地域や社会全体で子育てを応援しようとする動きがみられる。また，地域ぐるみで子どもの安全を守る「子ども110番の家」の活動などもある。

（3）子育てサークル

当事者である子育て家庭の親子の交流や，相互援助を目的とした子育てサークルは，子育て当事者の仲間づくりから，ひろば事業を立ち上げたり，子育てサークル同士のネットワークをつくったり，その活動はさまざまな形態で広がっている。

（4）母親クラブ（みらい子育てネット）

児童館などを拠点として組織される母親クラブは，母親同士の交流を図りながら，地域において，① 親子や世代間の交流・文化活動，② 児童養育に関する研修活動，③ 児童事故防止のための活動など，子どもの健全育成を目的とした地域ボランティア活動を行っている。母親に限らず，男性の会員も含まれる。

第3節　社会資源の適切な利用

1．利用者支援

さまざまな社会資源があるなかで，必要な人に必要な情報が提供され，それが適切に選択されて円滑なサービス利用に結びつくには，個々の子育て家庭への包括的な支援が求められる。

（1）子ども・子育て支援新制度

2015（平成27）年4月に本格実施された「子ども・子育て支援新制度」は，認定こども園・幼稚園・保育所・小規模保育などの保育の給付とともに，地域の実情に応じた子ども・子育て支援の充実を掲げている。この地域子ども・子育て支援事業として，多様な保育や子育て支援サービスとともに，利用者支援事業があげられる。利用者支援事業は「子ども・子育て支援法」に定められ，子ども・子育て支援新制度の本格実施に先立って，2014（平成26）年度から実施されている。

（2）利用者支援事業

　利用者支援事業は，「子ども・子育て支援法」第59条第1号に基づき，子どもまたはその保護者の身近な場所で，教育・保育・保健その他の子育て支援の情報提供及び必要に応じ相談・助言などを行うとともに，関係機関との連絡調整などを実施する事業とされ，① 基本型，② 特定型，③ 母子保健型，の3つの類型に分類される[4]。基本型は地域子育て支援拠点事業実施場所など，特定型は主として行政機関の窓口で，母子保健型は保健所・保健センターなどで実施され，利用者支援専門員を配置して実施されている。

（3）子育て世代包括支援センター

　子育て世代包括支援センターは，「少子化社会対策大綱」（平成27年3月20日閣議決定）において，平成32年度末までに全国展開を目指すとして一部市町村で実施されているが，2016（平成28）年の「児童福祉法」改正により，妊娠期から子育て期までの切れ目ない支援を行うことを目的として法定化された。利用者支援事業のうち「母子保健型」を担うこととなり，保健師などの専門職がすべての妊産婦などを対象に「利用者支援」と「地域連携」を共に実施することにより，妊娠や子育ての不安，孤立などに対応し，子ども虐待のリスクを早期に発見するなど，適切なサービス利用などの包括的な支援が期待される。

注

1）『平成27年版　厚生労働白書』資料：厚生労働省統括官付政策評価官室委託「人口減少社会に関する意識調査」2015年（0歳〜15歳の子どもがいる人を対象に質問）
2）小野達也「社会資源」山縣文治・柏女霊峰編『社会福祉用語辞典』ミネルヴァ書房，2013年，p.153
3）厚生労働省「児童相談所運営指針」2013年
4）厚生労働省「利用者支援事業実施要項」2016年6月27日一次改正

参考文献

荒牧重人・半田勝久・吉永省三編『子どもの相談・救済と子ども支援』日本評論社，2016年

小野澤昇・田中利則・大塚良一編著『子どもの生活を支える家庭支援論』ミネルヴァ書房，2013年

厚生労働省「市町村児童家庭相談援助指針」2005年

小林雅彦『民生委員・児童委員のための子ども・子育て支援実践ハンドブック』中央法規，2014年

小林正幸・嶋﨑政男編『三訂版　子ども相談機関利用ガイド』ぎょうせい，2012年

小堀哲郎編著『地域に生きる子どもたち』創成社，2014年

髙野良子編著『少子社会の子育て力』学文社，2013年

新川泰弘『ファミリーソーシャルワークの学びと省察』相川書房，2016年

橋本真紀・奥山千鶴子・坂本純子編著『利用者支援事業のための実践ガイド』中央法規，2016年

橋本真紀・山縣文治編『よくわかる家庭支援論』ミネルヴァ書房，2015年

第8章 子育て支援施策・次世代育成支援施策の推進

第1節 子育て支援施策・次世代育成支援施策の変遷

1．1.57ショックと少子化社会対策

（1）「エンゼルプラン」・「新エンゼルプラン」の策定

　わが国において出生率の持続的な低下が始まったのは昭和50年代以降である。当初，この持続的な低下が問題として正面から認識されることはなかったが，1990（平成2）年の「1.57ショック」を契機に，出生率の低下と子どもの数が減少していく少子化への問題認識を強めた政府は，少子化社会への対応を重要な政策課題として位置づけて対策の検討を始めた。

　1994（平成6）年12月，「今後の子育て支援のための施策の基本的方向について」（エンゼルプラン）が少子化対策の本格的な取り組みの第一歩として策定された。「エンゼルプラン」では，今後10年間に取り組むべき基本的方向と重点施策が定められた。また，「エンゼルプラン」の施策の具体化の一環として，保育の量的拡大や低年齢児保育の促進，延長保育などの多様な保育サービスの促進，保育所の多機能化のための整備，子育てを地域ぐるみで支援する体制の整備などを図るための「緊急保育対策等5か年事業」が策定され，1999（平成11）年度を目標年次として，整備が進められた。

　少子化対策が講じられるようになったものの合計特殊出生率は減少を続け，

1999（平成11）年12月には「少子化対策推進基本方針」が決定された。さらに，この方針に基づく重点施策の具体的実施計画として「重点的に推進すべき少子化対策の具体的実施計画について」（新エンゼルプラン）が策定された。この「新エンゼルプラン」は，従来の「エンゼルプラン」と「緊急保育対策等5か年事業」を見直したもので，2000（平成12）年度を初年度として2004（平成16）年度までの計画とされた。これまでの保育サービスをさらに充実させる内容や，仕事と子育ての両立のための雇用環境の整備，働き方についての固定的な性別役割分業や職場優先の企業風土の是正，母子保健医療体制の整備，地域で子どもを育てる教育環境の整備，住まいづくりやまちづくりによる子育ての支援など幅広い実施計画が掲げられた。

(2)「次世代育成支援対策推進法」・「少子化社会対策基本法」の制定

2003（平成15）年7月には，急速な少子化の進行などを踏まえ，次代の社会を担う子どもが健やかに生まれ，かつ，育成される環境の整備を図るため，次世代育成支援対策について，基本理念を定めるとともに，国による行動計画策定指針ならびに地方公共団体および事業主による行動計画の策定などの次世代育成支援対策を迅速かつ重点的に推進するために必要な措置を講ずるため，「次世代育成支援対策推進法」が制定された。なお，同法は，2015（平成27）年3月31日までの時限立法であったが，2025（平成37）年3月31日まで期限が10年間延長されている。

また，2003（平成15）年7月，家庭や子育てに夢をもち，かつ，次代の社会を担う子どもを安心して生み育てることができる環境を整備し，子どもがひとしく心身ともに健やかに育ち，子どもを生み育てる者が真に誇りと喜びを感じることのできる社会の実現に向けて，少子化社会において講じられる施策の基本理念を明らかにし，少子化に的確に対処するための施策を総合的に推進するために「少子化社会対策基本法」が制定された。

「少子化社会対策基本法」では，少子化に対処するための施策の指針としての大綱の策定が政府に義務づけられており，2004（平成16）年6月，「少子化

社会対策大綱」が策定された。大綱では，子育て家庭が安心と喜びをもって子育てに当たることができるように社会全体で応援するとの基本的考えに立ち，少子化の流れを変えるための施策について，国をあげて取り組むべき極めて重要なものと位置づけ，今後の政府の取り組みの方向性として「3つの視点」を掲げ，さらに，視点を踏まえて特に集中的に取り組むべき「4つの重点課題」を設定し，重点的に取り組むための「28の行動」を掲げている。

2004（平成16）年12月，大綱に盛り込まれた施策の効果的な推進を図るため，「少子化社会対策大綱に基づく具体的実施計画について」（子ども・子育て応援プラン）が策定され，国および地方公共団体や企業などが一体となって計画的に取り組む必要がある事項について，2005（平成17）年度から2009（平成21）年度までの5年間に講ずる具体的な施策内容と目標が掲げられた。「子ども・子育て応援プラン」では，4つの重点課題を掲げ，具体的な施策内容と目標を掲げるとともに，施策の実施を通じて「子どもが健康に育つ社会」「子どもを生み，育てることに喜びを感じることのできる社会」への転換がどのように進んでいるのかわかるように概ね10年後を展望した「目指すべき社会の姿」を提示した。

2．新しい少子化対策・子育て支援施策の推進

（1）「新しい少子化対策について」の策定

少子化に対する取り組みが進められるなか，2005（平成17）年，出生数と合計特殊出生率はいずれも過去最低を記録した。少子化の進行に対処し，少子化の背景にある社会意識を問い直し，家族の重要性の再認識を促し，また若い世代の不安感の原因に総合的に対応するため，少子化対策の抜本的な拡充，強化，転換を図るため，2006（平成18）年6月，「新しい少子化対策について」が策定された。

「新しい少子化対策について」では，妊娠・出産から高校・大学生になるまで子どもの成長に応じつつ総合的に子育て支援を講じるとともに，企業の子育

て支援の推進や長時間労働の是正など，従来の働き方の改革が掲げられた。また，「家族の日」・「家族の週間」の制定などによる家族・地域の絆を再生する国民運動やマタニティーマークの広報・普及など社会全体で子どもや生命を大切にする運動の推進が掲げられた。

（2）「子どもと家族を応援する日本」重点戦略・「新待機児童ゼロ作戦」の策定

　2007（平成19）年12月には，少子化社会対策会議において「子どもと家族を応援する日本」重点戦略が取りまとめられた。重点戦略では，就労と出産・子育ての二者択一構造を解決するためには，「働き方の見直しによる仕事と生活の調和（ワーク・ライフ・バランス）の実現」および，その社会的基盤となる「包括的な次世代育成支援の枠組みの構築」を車の両輪として同時並行的に取り組んでいくことが必要不可欠であるとされた。

　働き方の見直しによる仕事と生活の調和の実現については，2007（平成19）年12月，「仕事と生活の調和（ワーク・ライフ・バランス）憲章」および「仕事と生活の調和推進のための行動指針」が決定された。

　また，重点戦略を踏まえ，2008（平成20）年2月に，政府は，希望するすべての人が安心して子どもを預けて働くことができる社会を実現し，子どもの健やかな育成に社会全体で取り組むため，仕事と生活の調和やサービスの質の確保などの視点を踏まえ，保育所などの待機児童解消をはじめとする保育施策を質・量ともに充実・強化し，推進するための「新待機児童ゼロ作戦」を発表した。

　さらに，都市部を中心に深刻な問題となっている保育所の待機児童の解消を図るため，2010（平成22）年より「国と自治体が一体的に取り組む待機児童解消『先取り』プロジェクト」が推進された。さらに，待機児童解消のための取り組みを加速化させるため，2013（平成25）年4月，新たに「待機児童解消加速化プラン」が策定された。

（3）「子ども・子育てビジョン」の策定

　2010（平成22）年1月，「少子化社会対策基本法」に基づく2度目となる新

第8章　子育て支援施策・次世代育成支援施策の推進　73

たな大綱として「子ども・子育てビジョン」が策定された。子どもと子育てを応援する社会を目指して，子ども・子育て支援施策を行っていく際の3つの大切な姿勢として，「生命（いのち）と育ちを大切にする」，「困っている声に応える」，「生活（くらし）を支える」が示された。この3つの大切な姿勢を踏まえ，「目指すべき社会への政策4本柱」と「12の主要施策」に従って，具体的な取り組みを進めることとされ，「安心できる妊娠と出産」「潜在的な保育ニーズにも対応した保育所待機児童の解消」「社会的養護の充実」「地域の子育て力の向上」「男性の育児参加の促進」「子育てしやすい働き方と企業の取り組み」について，2014（平成26）年に向けての数値目標が設定された。

（4）「放課後子ども総合プラン」の策定

保育所を利用する共働き家庭などにおいては，児童の小学校就学後も，その安全・安心な放課後などの居場所の確保という課題に直面する。いわゆる「小1の壁」が問題となっている。これを打破し，次代を担う人材を育成するため，2014（平成26）年7月，文部科学省と厚生労働省が共同で，すべての児童が放課後などを安全・安心に過ごし，多様な体験・活動を行うことができるよう，「放課後子ども総合プラン」が策定され，学校の余裕教室を徹底活用して，放課後児童クラブおよび放課後子供教室の一体型を中心とした取り組みが推進されることとなった。同プランでは，平成31年度末までに，約30万人分の放課後児童クラブを新たに整備すること，全小学校区（約2万ヵ所）で一体的に，または，連携して実施し，うち1万ヵ所以上を一体型で実施することを目指している。

（5）新たな「少子化社会対策大綱」の策定

2015（平成27）年3月，新たな「少子化社会対策大綱」が閣議決定された。大綱では，少子化に取り組む基本的な考え方として，①結婚や子育てがしやすい環境となるよう，社会全体を見直し，これまで以上に少子化対策の充実を図る，②個々人が結婚や子供についての希望を実現できる社会をつくることを基本的な目標とする，③「結婚，妊娠・出産，子育ての各段階に応じた切れ

目のない取組」と「地域・企業など社会全体の取組」を両輪として，きめ細かく対応する，④ 今後 5 年間を「集中取組期間」と位置づけ，本大綱に掲げる重点課題を設定し，政策を効果的かつ集中的に投入する，⑤ 長期展望に立って，子供への資源配分を大胆に拡充し，継続的かつ総合的な対策を推進する，の 5 つの項目を基本的な考え方としている。

（6）「子ども・子育て支援法」の成立と「子ども・子育て支援新制度」の施行

2012（平成 24）年 8 月に成立した子ども・子育て関連三法（「子ども・子育て支援法」，「就学前の子どもに関する教育，保育等の総合的な提供の推進に関する法律の一部を改正する法律」，「子ども・子育て支援法及び就学前の子どもに関する教育，保育等の総合的な提供の推進に関する法律の一部を改正する法律の施行に伴う関係法律の整備等に関する法律」）に基づく「子ども・子育て支援新制度」が，社会保障・税一体改革の一項目として，2015（平成 27）年 4 月から施行された。

新制度では，「保護者が子育てについての第一義的責任を有する」という基本的な認識のもとに，幼児期の学校教育・保育，地域の子ども・子育て支援を総合的に推進している。

第 2 節　待機児童解消などに向けての取り組み

子育て支援において，待機児童の解消は最重要課題であり，潜在需要も含めて，保護者の保育ニーズに確実に対応した保育の受け皿を確保していくことが求められる。しかし，待機児童の解消は進んでいない。2010（平成 22）年以降は減少していたものの，5 年ぶりに増加に転じ，2015（平成 27）年 4 月時点において，全国で 2 万 3,167 人の待機児童が存在する（厚生労働省雇用均等・児童家庭局「保育所等関連状況取りまとめ（平成 27 年 4 月 1 日）」）。また，待機児童は都市部に集中し，全待機児童の 7 割を占めている。

政府は待機児童の早期解消に向け，2013（平成 25）年 4 月に「待機児童解消加速化プラン」を策定した。「待機児童解消加速化プラン」は，保育ニーズの

第8章　子育て支援施策・次世代育成支援施策の推進　75

ピークを迎える 2017（平成 29）年度末までに待機児童の解消を目指すものである。「緊急集中取組期間」（平成 25・26 年度）に，約 20 万人分の保育を集中的に整備できるよう，国として万全な支援を行うとともに，「取組加速期間」（平成27 〜 29 年度）に，「緊急集中取組期間」と合わせて，潜在的なニーズを含め，約 40 万人分の保育の受け皿を確保するとしている。

　また，「待機児童解消加速化プラン」の確実な実施のため，2015（平成 27）年 1 月には，子ども・子育て支援新制度において国全体で必要となる保育士数を明らかにした上で，数値目標と期限を明示し，人材育成や再就職支援などを強力に進めるための「保育士確保プラン」が策定された。「保育士確保プラン」は，「待機児童解消加速化プラン」における 40 万人の保育の量の拡大に伴い，必要となる保育士の確保を図るための取り組みを推進し，2017（平成 29）年度末までに新たに必要となる 6 万 9,000 人の保育士確保に向けて，国，都道府県，市町村などにおいて人材育成，就業継続支援，再就職支援，働く職場の環境改善などの施策を強力に推進することを掲げている。具体的には，保育士試験の年 2 回実施の推進や保育士に対する処遇改善の実施，保育士養成施設で実施する学生に対する保育所への就職促進の支援など，保育士確保に向けた新たな取り組みが進められている。

第3節　「子ども・子育て支援新制度」の概要

　2012（平成 24）年 8 月に成立した子ども・子育て関連三法に基づく「子ども・子育て支援新制度」は，「保護者が子育てについての第一義的責任を有する」という基本的な認識のもとに，幼児期の学校教育や保育，地域の子育て支援の量の拡充や質の向上を総合的に推進している。

　新制度では，「施設型給付」および「地域型保育給付」を創設し，この 2 つの給付制度に基づいて，従来バラバラに行われていた認定こども園，幼稚園，保育所および小規模保育などに対する財政支援の仕組みを共通化している。

認定こども園，幼稚園，保育所，小規模保育などの教育・保育を利用する子どもについては，次の(1)から(3)の３つの認定区分が設けられ，この区分に基づいて施設型給付などが行われている。

(1) 第１号認定＝満３歳以上の小学校就学前の子ども（第２号認定を除く）

(2) 第２号認定＝満３歳以上の小学校就学前の子どもであって，保護者の労働又は疾病その他の内閣府令で定める事由により家庭において必要な保育を受けることが困難であるもの

(3) 第３号認定＝満３歳未満の小学校就学前の子どもであって，保護者の労働又は疾病その他の内閣府令で定める事由により家庭において必要な保育を受けることが困難であるもの

「地域子ども・子育て支援事業」とは，市町村が地域の実情に応じ，市町村子ども・子育て支援事業計画に従って実施する事業である。子ども，または，その保護者の身近な場所で，教育・保育施設や地域の子育て支援事業などの情報提供および必要に応じて相談・助言などを行うとともに，関係機関との連絡調整などを実施する事業である「利用者支援事業」をはじめとして，地域の実情に応じた子育て支援が提供されている。

参考文献

柏女霊峰『子ども・子育て支援制度を読み解く―その全体像と今後の課題』誠信書房，2015 年

厚生労働省編『厚生労働白書（平成 27 年版）』2015 年

社会福祉の動向編集委員会編『社会福祉の動向 2016』中央法規，2016 年

新保幸男・小林理編『家庭支援論　基本保育シリーズ⑬』中央法規，2016 年

第**9**章

子育て支援サービスの概要

第1節　地域における子育て支援事業

1．地域子育て支援制度

　2015（平成27）年4月1日から施行された「子ども・子育て支援法」は，国・地方公共団体や地域子育て支援者による子どもの学校教育・保育，地域子育て支援を総合的に推進するような体制を明記した。認定こども園，幼稚園，保育所利用への共通給付（施設型給付）と家庭的保育，小規模保育，居宅訪問型保育，事業所内保育利用への給付（地域型保育給付）を創設した。都市部の待機児童解消と少子化傾向にある地域の保育機能を確保するために，地域型保育給付を位置づけた。内閣府に子ども・子育て本部を設置し，有識者，地方公共団体，事業主・労働者代表，子育て当事者，子育て支援者などが，国の政策プロセスなどに参画・関与できるよう，子ども・子育て会議を設置した。地域の実情に応じた対応をするために，相談支援事業などの地域子育て支援事業を定めた（図9-1参照）。また，仕事・子育て両立支援事業が，2016（平成28）年4月1日より施行された。

　施設型給付・地域型保育給付は，法定代理受領方式[1]がとられ，国が2分の1，都道府県と市町村が4分の1ずつ負担する。幼保連携型認定こども園は，学校及び児童福祉施設として法的に位置づけられ，財政措置は施設型給付であ

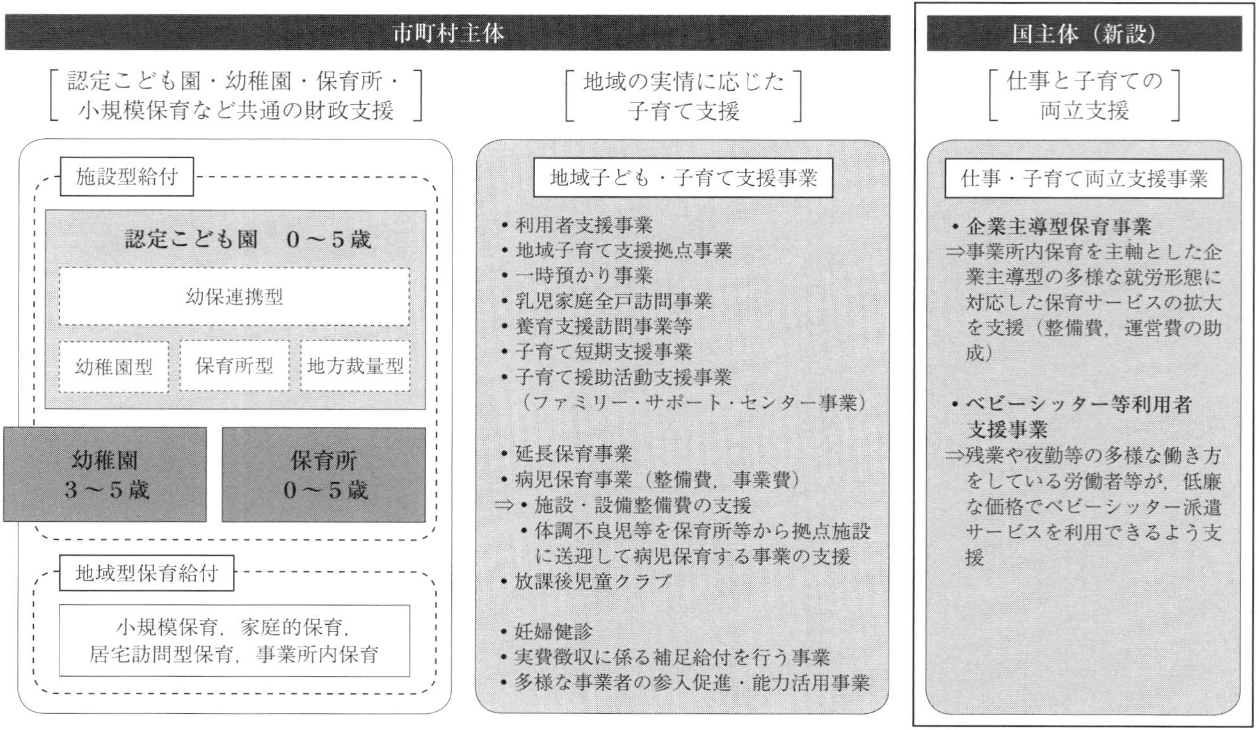

市町村主体

[認定こども園・幼稚園・保育所・
小規模保育など共通の財政的支援]

[地域の実情に応じた
子育て支援]

国主体（新設）

[仕事と子育ての
両立支援]

施設型給付

認定こども園　0〜5歳

幼保連携型

幼稚園型　保育所型　地方裁量型

幼稚園　3〜5歳　　保育所　0〜5歳

地域型保育給付

小規模保育、家庭的保育、
居宅訪問型保育、事業所内保育

地域子ども・子育て支援事業

・利用者支援事業
・地域子育て支援拠点事業
・一時預かり事業
・乳児家庭全戸訪問事業
・養育支援訪問事業等
・子育て短期支援事業
・子育て援助活動支援事業
（ファミリー・サポート・センター事業）
・延長保育事業
・病児保育事業（整備費、事業費）
⇒施設・設備等整備費の支援
・体調不良児等を保育所等から拠点施設
に送迎して病児保育する事業の支援
・放課後児童クラブ
・妊婦健診
・実費徴収に係る補足給付を行う事業
・多様な事業者の参入促進・能力活用事業

仕事・子育て両立支援事業

・企業主導型保育事業
⇒事業所内保育を主軸とした企
業主導型の多様な就労形態に
対応した保育サービスの拡大
を支援（整備費、運営費の助
成）
・ベビーシッター等利用者
支援事業
⇒残業や夜勤等の多様な働き方
をしている労働者等が、低廉
な価格でベビーシッター派遣
サービスを利用できるよう支
援

図9－1　子ども・子育て支援制度の概要

出所）内閣府「平成28年版　少子化社会対策白書（概要版）」p. 44
http://www8.cao.go.jp/shoushi/shoushika/whitepaper/measures/w-2016/28pdfgaiyoh/pdf/s2-3-1.pdf（平成28年8月3日アクセス）

る。地域子ども・子育て支援事業は，国・都道府県・市町村共に3分の1ずつ負担する。市町村が実施主体で地域のニーズにもとづく計画の策定・給付・事業の実施をする。社会全体で費用負担をするために，消費税率の引き上げによる国・地方の財源確保を目指している。

2．地域子育て支援とは

　地域子育て支援については，「就学前の子どもに関する教育，保育等の総合的な提供の推進に関する法律」第2条第12項で定義されている。第1は，地域の子どもの養育に関する保護者からの相談に対し，情報提供や支援を行う事業である。第2は，保護者の疾病などで家庭養育が一時的に難しくなった地域の子どもの保育を行う事業である。第3は，地域における子どもの養育支援を希望する保護者と支援実施を希望する民間団体などとの連絡調整を行う事業である。第4は，地域における子どもの養育支援を行う民間団体などに情報提供・助言を行う事業である。

　地域子育て支援の基本理念は，「子ども・子育て支援法」第2条第1項～第3項に明文化されている。第1項は，「父母その他の保護者が子育てについての第一義的責任を有するという基本的認識の下に，家庭，学校，地域，職域その他の社会のあらゆる分野における全ての構成員が，……相互に協力して行われなければならない」である。第2項は，「全ての子どもが健やかに成長するように支援するものであって，良質かつ適切なものでなければならない」である。第3項は，「地域の実情に応じて，総合的かつ効率的に提供されるよう配慮して行われなければならない」である。子どもの健全育成をもたらすために，子育て支援関係者が地域の子どもとその保護者に行う支援である。また，「児童福祉法」第48条の3では，保育所が利用される地域の住民への乳幼児保育に関する情報提供，相談助言を行うことを努力義務としている。

　また，「少子化社会対策基本法」第12条では，地域子育て支援を，地域におけるすべての子育て家庭に対し，子育て支援体制を整備することとしている。

また，国・地方公共団体は，地域で子どもを生み育てる者を支援する拠点の整備を行うこととしている。

よって，地域子育て支援とは，ひとつは，認定こども園，幼稚園，保育園，地域型保育を利用していない子育て家庭を対象として情報提供と相談助言を行うことである。もうひとつは，地域の子育て支援体制を整備することである。

3．地域子育て支援事業

地域子育て支援事業は，「子ども・子育て支援法」第59条の第1項～第13項において次のように明記されている。

① 利用者支援事業，② 延長保育事業，③ 実費徴収に係る補足給付を行う事業，④ 多様な事業者の参入促進・能力活用事業，⑤ 放課後児童健全育成事業(学童保育事業)，⑥ 子育て短期支援事業，⑦ 乳児家庭全戸訪問事業（こんにちは赤ちゃん事業），⑧ 養育支援訪問事業（子どもを守る地域ネットワーク強化事業を含む），⑨ 地域子育て支援拠点事業，⑩ 一時預かり事業，⑪ 病児保育事業，⑫子育て援助活動支援事業（ファミリーサポートセンター事業），⑬ 妊婦健康診査

各事業の実施方法の詳細については，内閣府子ども・子育て本部統括官，文部科学省初等中等教育局長，厚生労働省雇用均等・児童家庭局長名などにより，各実施要綱が出され，そのなかに定められている。

第2節　地域子育て家庭を対象とする事業

1．利用者支援事業

本事業は，子育て家庭の保護者が必要な支援を利用できるよう，情報提供・相談助言を行うとともに関係機関との連絡調整を行うものである。主として，妊娠中から小学校就学の始期に達するまでの子どもを育てている家庭を支援する。これには，「基本型」，「特定型」，「母子保健型」がある。「基本型」は，相談助言と地域連携により，間接的・予防的に家庭を支援する型である。「特定

型」は，市町村窓口などで相談支援をする型である。「母子保健型」は，子育て世代包括支援センターとして妊産婦などへの相談助言，子育て支援機関・医療機関・保健所・児童相談所などの関係機関と連携して支援する型である。

2. 保育関連事業

（1）延長保育事業

本事業は，保育者が支払わなければならない時間外保育費用の全額または一部を助成し，保育サービスを利用できるようにするものである。これには，「一般型」と「訪問型」がある。「一般型」は，民間の保育園，認定こども園，家庭的保育事業所，小規模保育事業所，事業所内保育事業所などの施設でサービスが提供される。「訪問型」は，居宅型保育事業の保育時間を超える場合の民間保育園などでの延長保育利用者が1人のときに提供されるサービスである。

（2）実費徴収に係る助成を行う事業

本事業は，教育・保育給付の支給認定対象の保護者のなかで「特定支給認定保護者」と認められた場合，保護者が支払う必要のある日用品，文房具などの教育・保育に必要な物品購入費用や行事参加費用などを助成するものである。

（3）多様な事業者の子育て支援制度への参入促進・能力活用事業

本事業には，「待機児童解消加速化プラン」を推進する子育て支援事業を確保するために，多様な事業者が子育て家庭に応じた保育を提供できるようにするための「新規参入施設等への巡回支援」がある。これは，保育所，認定こども園などへの民間事業者の新規参入促進に関して必要なことを調査し，設置・運営を促進するための事業である。また，私学助成や障害児保育事業の対象外の子どもを受け入れるための職員加配に必要な経費を補助する「認定こども園特別支援教育・保育経費」がある。

（4）一時預かり事業

本事業は，家庭保育が一時的に難しくなった乳幼児に対し，昼間，保育所，

幼稚園，認定こども園などで，一時的に預かり，保護を行う事業である。保育所などを利用していない家庭が，一時的に家庭保育が難しくなった場合に時間単位の保育を提供するものである。この事業には，「一般型」，「余裕活用型」，「幼稚園型」，「居宅訪問型」がある。

「一般型」は，保育所や地域子育て支援拠点などで乳幼児を一時的に預かる事業であり，保育士の配置は原則2名以上とされている。「余裕活用型」は，保育所などを利用する子どもの数が定員に達していない時に，定員の範囲内でなされる事業である。「幼稚園型」は，幼稚園の預かり保育と同様であり，主として在園児を預かる事業である。「居宅訪問型」は，子どもの居宅で行われる事業である。障害や疾病で集団保育が難しい乳幼児，母子家庭などの乳幼児で夜間預かりが必要な場合などに提供されるサービスである。

(5) 子育て援助活動支援事業 (ファミリー・サポート・センター事業)

本事業は，地域の子育て家庭と住民の相互扶助を目的として開始された事業である。地域福祉推進を目指すものである。これは，支援を行いたい地域の人と支援をうけたい地域の人（乳幼児や小学生などを育てている家庭の保護者）の会員組織をつくり，会員同士の連絡調整を行う事業である。地域で育児相互援助活動の推進，病児・病後児の預かり，早朝・夜間などの緊急時の預かり，ひとり親家庭の支援などへの対応をする事業である。

(6) 病児保育事業

本事業は，保育が必要な乳幼児，保護者の労働や疾病などにより家庭生活が難しい小学生で，疾病にかかっている場合に，保育所・認定こども園・病院・診療所などで保育を行う事業である。この事業には，病児対応型，病後児対応型，体調不良児対応型，非施設型（訪問型）がある。

3．放課後児童健全育成事業 (学童保育事業)

保護者が働いているために昼間家庭にいない状況になり，授業終了後，帰宅しても子どもだけで過ごすことになる小学生がいる。事業は，そのような子ど

もに対して児童厚生施設（児童館，児童遊園）や学童保育（放課後児童クラブ）の場で遊びと生活の場を提供し，彼らの健全育成を図る事業である。1クラス45人くらいまでで，放課後児童支援員を2人以上配置することになっている。開所日数は，原則で年間250日以上，開所時間は，小学校休業日には1日8時間以上，授業実施日は1日3時間以上となっている。

4．子育て短期支援事業

本事業は，家庭養育をうけることが一時的に難しくなった子どもに児童養護施設・母子生活支援施設・乳児院などへの利用を働きかけ，生活に必要な保護・養育を行うものである。子どもとその家庭福祉の向上を図る事業である。事業の種類は，短期入所生活援助（ショートステイ）事業，夜間養護等（トワイライト）事業の2種類である。

短期入所生活援助（ショートステイ）事業は，保護者が疾病に罹っている，疲労状況にあるなどの身体上・精神上・環境上の理由で，子どもを家庭養育することが一時的に難しくなった場合，緊急一時的な母子保護が必要な場合などに実施する。養育・保護期間は原則7日以内である。

夜間養護等（トワイライト）事業は，保護者が仕事などで平日の夜間，休日に不在となり，家庭で子どもの養育が難しくなった時に，子どもを児童養護施設などで保護，生活支援，食事の提供などを行う。

5．乳児家庭全戸訪問事業（こんにちは赤ちゃん事業）

本事業は，乳児を育てている家庭の孤立を防ぐことと乳児の健全育成をもたらす環境を確保するために，すべての生後4ヵ月までの乳児のいる家庭を原則として訪問するものである。訪問で家庭の子育て状況を聞き，子育て関連の情報提供と乳児とその保護者の心身状況や養育環境の把握を行うとともに養育に関する相談助言を行う。保健師，助産師，看護師，保育士，母子保健推進員，児童委員，子育て経験者などが各家庭を訪問する。訪問により，支援の必要性

がある場合，関係者会議を行い，当該家庭に対して養育支援訪問事業などのサービスにつなぐことになっている。

6. 地域子育て支援拠点事業

　本事業は，地域の子育て力の向上を目指して，乳幼児とその保護者が相互交流を行う場所を開設し，子育て関連の相談，情報提供，助言などを行う事業である。事業の対象は，３歳未満の子どもとその保護者，つまり子育て親子が対象になる。この事業には，「一般型」と「連携型」がある。「一般型」は２名以上の，「連携型」は１名以上の専任職員を配置するとともに，連携施設の支援体制を整える。基本事業として，「子育て親子の交流の場の提供と交流の促進」，「子育て等に関する相談・援助の実施」，「地域の子育て関連情報の提供」，「子育て及び子育て支援に関する講習等の実施」がある。

　「一般型」は，基本事業を実施するための地域の公共施設，空き店舗，保育所などの子育て親子の交流の場のことである。また，加算事業として，「① 地域の子育て拠点として地域の子育て支援活動の展開を図るための取組」，「② 出張ひろば」，「③ 地域支援の取組」がある。① は，市町村委託などの一時預かり事業や児童健全育成事業など，地域の子育て支援団体との連携などにより子育て家庭を支援することである。② は，地域の子育て家庭のニーズをもとに，親子の居場所を提供することである。③ は，地域子育て資源に関する情報提供と開発を行うことである。

　「連携型」は，基本事業の他に加算事業として，中・高校生・大学生などのボランティアの日常的な受け入れ要請を行う「地域の子育て力を高める取組」がある。

7. 妊婦健康診査

　本事業は，妊婦の健康保持と増進のため，市町村が実施しているものである。妊産婦の健康状態の把握，検査計測など，妊娠期間中に医学的検査を行う

ものである。一般病院，市町村保健センター，母子保健センターなどで実施されている。

1996（平成8）年度より，出産予定日が35歳以上の場合の妊婦に対して超音波検査が導入された。2013（平成25）年度より，妊婦が14回程度の健康診査がうけられるよう，地方財政措置を講じた。

第3節　要保護・要支援子育て家庭を対象とする事業

1．養育支援訪問事業

本事業は，保健師，助産師，保育士などが子育て家庭を訪問し，居宅で養育相談などの支援を行うものである。第1に，乳児家庭全戸訪問事業の実施などで保護者への養育支援が必要な時である。第2に，保護者による子どもの監護が不適当と認められる時である。第3に，子ども・保護者・出産前の妊婦への支援が必要と認められる時である。第4に，社会的養護の終了で，子どもが家庭復帰している状態と認められる時である。

訪問支援には，相談支援と育児・家事援助がある。相談支援は，保健師，助産師，看護師，保育士などが行う。育児・家事援助は，子育て経験者などが行う。育児・家事援助，保健師などが養育助言などを訪問して行うことで，保護者の育児ストレス，産後うつ，育児ノイローゼなどの子育て不安や孤立感，養育上の諸問題の軽減を図る事業である。

2．要保護児童対策地域協議会（子どもを守る地域ネットワーク）機能強化事業

本事業は，第1に，要保護児童対策地域協議会における要保護児童対策調整機関の職員，地域ネットワークを構成する関係機関などの専門性強化及び地域ネットワーク構成員の連携強化を図るものである。第2に，地域ネットワークと訪問事業の連携を図るものである。要保護の子どもの早期発見・支援・保護

を目的として，地域の関係機関，団体などが情報共有し，連携のもと，児童虐待の発生予防・早期発見・早期対応するための事業である。

注

1）法定代理受領方式とは，施設型給付・地域型保育給付は，原則として保護者個人への給付という形でなされることになっている。しかし，実際には施設・事業者に支払われることから上記のようによばれる。

参考文献

社会福祉士養成講座編集委員会編『児童や家庭に対する支援と児童・家庭福祉制度（第6版）』中央法規，2016年

社会福祉の動向編集委員会編『社会福祉の動向2016』中央法規，2016年

内閣府『少子化社会対策白書　平成27年版』2015年

内閣府子ども・子育て本部「すくすくジャパン　子ども子育て支援新制度について」2016年

西尾祐吾・小崎恭弘編『子ども家庭福祉論（第2版）』晃洋書房，2015年

松井圭三編『家庭支援論』大学教育出版，2012年

第 **10** 章

保育所入所児童の家庭への支援

▌第1節　保育所における子育て支援

1．保育所の役割

　保育所は，保育を必要とする乳幼児を日々保護者の下から通わせて保育を行うことを目的とする施設である（児童福祉法第39条）。保育所の特性は，生命の保持と情緒の安定という「養護」の側面と人間形成の基礎を培う発達援助として「教育」の側面を一体的に行うことである。

　保育所の重要な責務は，乳幼児に健康で安全で情緒の安定した生活の環境を提供すること。保育者による計画的に構成された環境と援助を通して，一人ひとりの乳幼児の心身の発達を助長すること。生涯にわたる生きる力の基礎を育てることである。

2．「保育所保育指針」の改定

　2001（平成13）年の「児童福祉法」改正では，保育士の業務が「児童の保育」と「保護者への保育指導」であると法的に定められた。そして，「保育所が主として利用される地域の住民に対してその行う保育に関し情報の提供を行い，並びにその行う保育に支障がない限りにおいて，乳児，幼児等の保育に関する相談に応じ，及び助言を行うよう努めなければならない」と定めている

（第48条の3）。その後，「児童福祉法」の改正において2009（平成21）年より施行されている「保育所保育指針」では，保護者への相談援助や地域の子育て家庭への支援や地域住民との共同による子育て支援活動の促進など，保育所の役割として家庭支援の充実を図ることが示された。「保育所保育指針」においては，保育所での家庭支援の役割や方法について，以下のように示されている。

「保育所保育指針第1章（総則）2保育所の役割(2)」において，「保育所は，入所する子どもを保育するとともに，家庭や地域の様々な社会資源と連携を図りながら，入所する子どもの保護者に対する支援及び地域の子育て家庭に対する支援等を行う役割を担うものである」と示されている。また，保育所における家庭支援の方法として，「保育所保育指針第1章（総則）3保育の原理(1)保育の目標」において，「イ　保育所は，入所する子どもの保護者に対し，その意向を受け止め，子どもと保護者の安定した関係に配慮し，保育所の特性や保育士等の専門性を生かして，その援助に当たらなければならない」と示されている。さらに，「保育所保育指針第1章（総則）3保育の原理(2)保育の方法」において，「カ　一人一人の保護者の状況やその意向を理解，受容し，それぞれの親子関係や家庭生活等に配慮しながら，様々な機会をとらえ，適切に援助すること」と示されている。

このように保育所における保護者支援は，保育所の責務であり，保育者の役割，業務であるといえる。したがって，保育所は入所児の一つ一つの家庭を理解し，保護者が求める子育ての問題に対する細かな支援の提供が必要である。そして，保育者は，保育の知識と技術といった専門性を生かした，保護者と子どもへのはたらきかけが求められている。

3．家庭を支える保育者の専門性

前項で述べたように，保育者には，地域における子育て支援の担い手としての役割が期待されている。また，入所児の家庭を支えることも子どもの育ちを

第 10 章　保育所入所児童の家庭への支援　89

支えることと同様に重要な役割である。入所児の保護者支援には，気になる子どもの支援，子どもの生活習慣や経済的・時間的余裕のなさ，子育てへの自信のなさ，保護者の精神面の問題などがある。しかし，こうした家庭や保護者への支援にはさまざまな課題があることも事実である。

　このような課題を克服するため，「保育所保育指針」では，職員の資質の向上に努めることが強調されている。保育者の専門性の向上への取り組みのひとつとして，保育所内外の研修があげられている。また，保育所では，現場で起こるさまざまな課題に対して，園内研修や他職種への相談，園内研修会への専門家によるスーパーバイズなどが行われている。このように，保育者だけでは十分に対応できない課題に対しては，専門家や他職種による援助や相談，関係調整なども行われる。他職種や他機関との連携や協働は，入所児への保育の向上を図るだけでなく，保育者個人の資質向上のためにも重要な取り組みである。

▌第 2 節　保育所における保護者支援の基本

　保育所における保護者支援の対象は，保育所入所児の家庭と地域における子育て家庭の 2 つがある。「保育所保育指針解説書」では，保育所入所児の保護者に対する支援は，「保育所は本来の業務としてその中心的な機能を果たす」ものであるとしている。一方，地域における子どもの保護者に対する支援は，「本来業務に支障のない範囲において，その社会的役割を十分自覚し，他の関係機関，サービスと連携しながら，保育所の機能や特性を生かした支援を行う」としている。[1)]

　保育現場では，子育てに関すること，子どもの発達や障害，保護者自身の不安など，保護者や家庭が抱える課題や相談内容も多様であり，複雑化している。こうした問題に対して保育者は，子どもの実態や保護者の生活背景，心理状態にも配慮しながら保育のなかで支援を行っていくことが求められている。

また同様に，地域における子どもの保護者に対しても，保育士の専門的な知識や技能，保育所の機能を生かした支援が提供されている。

1．保育所入所児の保護者に対する支援

「保育所保育指針」では，保育所における保護者に対する支援の基本として，以下の7項目をあげている。(1)子どもの最善の利益を考慮する，(2)保護者との共感から，保護者が子育ての意欲や自信をふくらませるようにする，(3)保育所の特性を生かした支援を行う，(4)保護者と子どもとの安定した関係や保護者の養育力向上への寄与をする，(5)ソーシャルワークの原理，知識，技術等への理解を深めた上での相談・助言におけるソーシャルワークの機能を果たす，(6)プライバシーの保護及び秘密保持をする，(7)地域の関係機関等との連携・協力を図ること。

上記のように，保育所における保護者支援はその基本事項が具体的に示されており，業務として日常的に行われることが求められている。保育者の専門性を生かしながら，保護者自身のもつ養育能力を十分に発揮できるよう支援することや，個人情報についても十分な配慮を行いながら適切な対応が求められている。

2．保育所での子育て家庭への支援の実際

保育所では，実際に入所児への家庭にどのような支援を行っているのであろうか。保育所における家庭支援において，保育者が保護者を支援する際にはさまざまな方法が用いられている。なかでも，保育所が行っている具体的な支援の内容は，相談による支援がもっとも多いことが明らかとされている。[2]保護者に対する相談は，園長や主任といった経験を積んだ保育者だけでなく，若い保育者にとっても日常的に行われている重要な業務である。ここでは，保育のなかで保育者が保護者に行う具体的なかかわりについて紹介する。

第 10 章　保育所入所児童の家庭への支援　91

（1）個人懇談や個別相談

　多くの保育所では，入所している子どもの家庭での様子や，家庭環境などを把握するために家庭訪問や個人懇談などを行っている。そこでは，子どもの保育所での様子を伝えたり，保護者からの要望や子育てについての相談を受けたりすることとなる。このような機会は，保護者との信頼関係を構築したり，子どもへのかかわりかたについての情報を共有したりするための貴重な機会となっている。

　上記の相談は，入所児のすべての家庭を対象として行われているが，それ以外にも，個別に相談の機会をもつことも多い。それは，保護者からの個別の相談の依頼もあるが，保育者から子どもの発達状況などについての相談を保護者に依頼することもある。このように，保育者は，子どもの発達に応じた知識や技術だけではなく，相談援助についての知識や技能を身につける必要がある。

（2）保育所への登所時や降所時の際のかかわり

　保護者の就業の形態や，保育者の勤務形態にもよるが，登所や降所の機会は，保護者とのかかわりをもつことができる貴重な機会である。登所時は保護者も出勤前であり，保育者も多くの子どもを受け入れながらの保育であるため，登所時でのかかわりは難しい。しかし，保護者に対する保育者の声がけや細かな配慮が，保護者に対する肯定的な支援となることもある。

　降所時は，登所時に比べ，保護者自身も精神的にゆとりを持てることが多い。一日の様子を伝えたり，家庭での様子を聞いたりするなどのかかわりを通し，保護者のしぐさや表情，言動から保護者自身の様子を把握する重要な機会にもなる。しかし，保育者自身の振る舞いや言動には配慮が必要である。勤務形態が複雑な保育所においては，保育者間の情報共有や連携により，一人ひとりの家庭に対する細かな配慮が求められる。

（3）連絡帳，園便り，クラス便りでのかかわり

　多くの保育所で家庭との連絡は連絡帳を通して行われている。3歳未満児については毎日の様子を保護者に細かく伝えることで，家庭と保育者が子どもの

姿を共有し，双方のコミュニケーションを図ることが可能である。しかし，保護者によっては，連絡帳の記入が負担であることを考慮し，簡略化している保育所もある。できる限り，保護者に保育所での子どもの様子を伝えるため，保育所によっては保護者に保育の記録を視覚化し，子どもの活動などを共有するといった独自の取り組みも行われている。こうした工夫も保護者や家庭への細かな配慮であり，育ちの喜びを保護者とともに共有するための手段といえる。[3]

　園便りやクラス便りは，ほとんどの保育所で作成されている。園便りには，保育所全体のお知らせや行事についての連絡事項が伝達される。クラス便りは，子どもの様子や担任保育士の子どもへの思いなど，保護者にとっても重要な情報源となる。上記の連絡帳やお便りについては，子どもたちの様子を的確に捉え，保護者に何を伝えたいのか，すべては子どもの最善の利益のために行われる。これらの取り組みも保育者の重要な業務であり，専門職として資質の向上が求められている。

3．保育所の地域における子育て支援

　保育所では，地域の子育て家庭を支援するために，さまざまな事業が行われている。「保育所保育指針　第6章」では，地域における子育て支援として，「ア　地域子育ての拠点としての機能(ｱ)子育て家庭への保育所機能の開放（施設および設備の開放，体験保育等），(ｲ)子育て等に関する相談や助言の実施，(ｳ)子育て家庭の交流の場の提供及び交流の促進，(ｴ)地域の子育て支援に関する情報提供，イ　一時保育」が明記されている。具体的には，保育所の行事などに地域の子どもが参加したり，園庭の開放などを行ったりしている。また，地域に居住する子どもの保護者の育児の相談，一時保育，緊急の一時保育などもこれに含まれる。

　また，地域の関係機関との連携と協働も重要な保育所の役割である。「保育所保育指針」では，「① 市町村の支援を得て，地域の関係機関，団体等との積極的な連携を図るとともに，子育て支援に関わる地域の人材の積極的な活用を

第10章　保育所入所児童の家庭への支援　93

図るように努めること，② 地域の要保護児童への対応など，地域の子どもを
めぐる諸課題に対し，要保護児童対策地域協議会など関係機関との連携，協力
して努めること。」と明記されている。このように，保育所は，入所児の保育
の場であるだけでなく，その利点を生かした地域の情報の発信と受信の拠点と
して，積極的な地域支援が求められている場である。

第3節　保育所以外の保育施設

　保育所の他にもさまざまな保育施設や事業がある。また，都道府県知事など
からの認可をうけていない（認可の基準に満たない）保育施設もある。

1．保育・教育施設

（1）幼稚園

　「学校教育法」第22条に基づく満3歳から小学校就学の始期に達するまでの
幼児教育施設である。幼稚園は満3歳から入所することができるが，地域や園
の方針により，2年保育や1年保育のみ実施している幼稚園もある。1日の教
育課程は，4時間が標準とされ，毎学年の教育課程にかかわる教育週数は，特
別な事情のある場合を除き，39週を下ってはならないこととされている。教
育内容は「幼稚園教育要領」を基準とするとされている（学校教育法施行規則第
38条）。近年では，保育時間外の延長保育や一時預かりを実施している園も多
くある。施設の種別は学校であり幼稚園教育免許状をもつ「幼稚園教諭」がお
かれる。

（2）認定こども園

　「子ども・子育て支援法」（2012年公布）により，就学前の子どもに関する教
育，保育などの総合的な提供の推進に関する法律に基づく施設である。「幼保
連携型」「幼稚園型」「保育所型」「地方裁量型」の4つに分類される。就学前
の乳幼児に保育と幼児教育を提供する機能，地域の子育て支援を行う機能があ

る。上記のように保育と学校教育を担うことから，保育士資格と幼稚園教諭免許状の両方の資格をもつ「保育教諭」がおかれる。

2．地域型保育事業

　地域型保育事業は，子ども・子育て支援制度によって，市町村の認可事業として「児童福祉法」に位置づけられている。待機児童の解消と地域における保育機能の確保を目指し，認可事業として地域型保育事業給付の対象としている。

（1）家庭的保育事業

　保育を必要とする満3歳未満児を対象とする。家庭的保育者の居宅やその他の場所において保育が行われる。利用定員は5人以下である。

（2）小規模保育事業

　保育を必要とする満3歳未満児を対象とする施設である。必要と認められれば満3歳以上でも利用が可能である。利用定員は6人以上19人以下である。

（3）居宅訪問型保育事業

　保育を必要とする満3歳未満児を対象とする。必要と認められれば満3歳以上でも利用が可能である。乳幼児の居宅において家庭的保育者による保育を行う。

（4）事業所内保育事業

　保育を必要とする満3歳未満児を対象とする。必要と認められれば満3歳以上でも利用が可能である。保育施設を企業内に設置して，従業員の子どもの他，地域で保育を必要とする子どもを預かる場合（地域枠）もある。

3．認可外保育施設

　認可外保育施設は，「児童福祉法」第35条第4項に基づく都道府県などの認可をうけていない（認可の基準に満たない）保育施設である。しかし，「児童福祉法」第59条の2の規定に基づき，都道府県への届け出が義務付けられてい

第10章　保育所入所児童の家庭への支援　95

る。認可外保育施設は，さまざまな保護者のニーズに応じた柔軟なサービスが提供されている。

たとえば，「ベビーホテル」は，20時以降の保育，宿泊を伴う保育，一時預かりの子どもが利用者の半数以上など，いずれかを常時運営している営利を目的とした無認可保育施設の通称である。2001（平成13）年11月の「児童福祉法」の改正に新たに盛り込まれたシステムである。事業者に対しては，認可外保育施設の運営などの状況について，都道府県に毎年状況報告を行う義務が課されている。

注

1）厚生労働省編『保育所保育指針解説書』フレーベル館，2008年
2）加賀谷崇文・高橋貴志・寺澤美彦・望月雅和「保護者支援のできる保育者養成に関する研究—保育者養成校の学生に対する意識調査から」『子育て研究』5，2015年，pp. 30-40
3）北原理恵・松村良直・齊藤勇紀「地域活動『体験隊』の取り組みから得られる保育活動の評価—保護者の自由記述から得られた計量分析による一考察—」『日本子育て学会第8会大会発表論文集』2016年，pp. 44-45

参考文献

井村圭壯・相澤譲治編著『保育と家庭支援論』学文社，2015年
井村圭壯・今井慶宗編著『現代の保育と家庭支援論』学文社，2015年
厚生労働省『保育所保育指針解説書』フレーベル館，2008年
新保育士養成講座編集委員会編『新保育士養成講座　第3巻　児童家庭福祉（改訂2版）』全国社会福祉協議会，2015年
内閣府・文部科学省・厚生労働省『幼保連携型認定こども園　教育・保育要領解説』フレーベル館，2015年
文部科学省『幼稚園教育要領解説書』フレーベル館，2008年

第 **11** 章

地域の子育て家庭への支援

第1節　地域の子育て家庭への支援

1．地域の子育て家庭への支援の必要性

　子どもが成長・発達するうえで家庭が「安心・安全な場」であることは，とても大切なことである。しかし，子どもとその家庭だけで「安心・安全な場」としての家庭をつくることが困難な状況になってきている。

　3歳未満児の子どものうち，約7〜8割の子どもは家庭での子育てが中心となっている。

　また，核家族化が進むなか，近くに頼れる家族（親やきょうだい，親戚など）がいないという状況が生まれている。少子化に伴い，地方では近隣に遊べる友達がいない状況もある。また，隣の人がだれで何をしている人かなどわからないこともまれではなくなっている。親族や地域とのつながりも希薄となってきている。このように，子育てについて自分の親や近所の人に相談したり，育児を手伝ってもらったりといったサポートをうけられない家庭も少なくはない。

　さらに，日本の男性の子育てへのかかわりの少なさが母親の子育て不安を高めている。2015（平成27）年「雇用機会均等基本調査」によれば，国際比較で日本における父親の家事・育児時間はともに非常に短いことが示されている。

　乳幼児にかかわる多くの母親は子育てに悩みながらも，在宅で他の大人や子

どもとのかかわりもないなかで孤独に子育てをしていることだろう。家庭における子育ての孤立化は，親の不安感や負担感にもつながり，虐待など不適切な養育のリスクも高めてしまう可能性すらある。子どもとその家庭だけでは，子どもにとって家庭が「安心・安全な場」となりえなくなってきている。

　身近な地域のなかに，子育て中の親子が気軽に集い，相互交流や子育ての不安・悩みを相談できる場をつくっていくことが必要である。

2．地域の子育て家庭への支援の現状

（1）公的な機関や施設における支援

　市区町村の子ども家庭課や子育て支援課などは，家庭で子どものことに困ったとき，身近に相談できる窓口である。

　1）児童家庭相談室（福祉事務所）

　「児童家庭相談室」では，子育ての悩み，虐待をはじめとする養育に関する相談などに応じ，身近なところできめの細かい対応をしてくれる。さらに，専門的な支援は，児童相談所や児童家庭支援センターでうけられる。

　2）保健センター

　「保健センター」では，子どもの成長・発達，家族の心身の健康に関して，保健師に相談することができる。

　3）児童発達支援センター

　「児童発達支援センター」は発達が気になる子を含めた「障がい」に関する相談と支援をうけられる。

　4）児童館

　「児童館」は気軽で自由な遊び場としての役割があり自然な親子の姿をみることができる。

　5）子育て支援センター

　「子育て支援センター」は乳幼児を育てている地域の親子が集う場所であり，子育ての悩みに寄り添いともに考えてくれる支援者との出会いの場ともなりう

第11章　地域の子育て家庭への支援　99

る。

6）子育てひろば

「子育てひろば」は公共の空きスペースや空き店舗などを活用し，地域の家庭の子育ての支援活動や相談を実施している。

公的機関による地域の子育ての支援は行われてきているものの，気軽に相談したり，参加したりできる環境作りや関係機関同士の横のつながりが不足していることは課題である。たとえば，児童館，保健センター，子育て支援センターなどで同じ年齢の親子を対象に，別々の子育ての講座を実施していることもまれではない。つながりがあり楽しく参加しやすい講座などを実施していくことは，地域全体で子どもとその家庭を見守る環境をつくるうえでも大切である。

（2）地域住民による支援

1）自治会

地域のお祭り，ラジオ体操，盆踊り，餅つきなどの町内行事，防犯・防火活動，交通安全，公園の清掃や外灯管理など，子どもの健やかな育ちのための環境作りに貢献している。

2）児童委員

「児童委員」は民生委員が兼務しているが，地域のことをよく知っていることから，住民の視点から相談にのってくれたりする身近な存在である。

3）ファミリー・サポート・センター事業

社会福祉協議会などが事務局となり行われている住民による有料の保育活動である。子どもを預かることができる住民と子どもを預けたい住民がともに会員となり，有料で保育をするものである。

4）母親クラブ活動

児童館や保育所を拠点とした地域活動である。活動の柱は，世代間交流，文化活動，研修活動，事故防止のための活動などである。会員は母親だけでなく，男性も，子どもがいない人も入会できる。

5）子育てサークル

乳幼児をもつ親がおもに地域を拠点として活動する集まりであり，育児サークルともよばれる。親同士の交流や子どもの遊びなどを目的として活動している。

この他に地域の商店街では，活性化を考え，高齢者・障がい者・子どもの交流を促進する地域活動やイベントなどにも力を入れている。

このように地域には意外に支援の場があるにもかかわらず，それらの情報が整理されておらず，必ずしも地域の子育て家庭に伝わっているとは限らない。また，地域住民が中心となる場合，支援の質に偏りが出る危険性もある。これらの支援をコーディネートする人材がいないこともあり，必要な人が必要な場所につながっていない場合も多い。

第2節　地域子育て拠点事業

地域子育て拠点事業とは「地域の子育て支援機能の充実を図り，子育ての不安感などを緩和し，子どもの健やかな育ちを促進することを目的とする」子育て支援事業である。従来の地域子育て支援センター事業とつどいの広場事業が再編され，2007（平成19）年度に，「ひろば型」「センター型」「児童館型」の3つのタイプで創設されたものである。現在は「ひろば型」「センター型」が「一般型」となり，「児童館型」が「連携型」となり，2タイプとなっている。事業の実施にあたっては，児童館も活用しながら，地域における子育て支援の拠点の大幅な拡充を図るとされている。実施主体は市区町村であるが，社会福祉法人，NPO法人，民間事業者などへの委託もできる。基本事業としては①子育て親子の交流の場の提供と交流の促進②子育て等に関する相談・援助の実施③地域の子育て関連情報の提供④子育て及び子育て支援に関する講習等の実施がある。

1．一般型

　子育て家庭の親とその子どもを対象として，常設の「拠点施設」を開設し，親子の交流の場の提供などの基本事業を実施するとされている。拠点施設としては，保育所，公共施設空きスペース，空き店舗，民家などが想定されている。対象となる年齢は概ね３歳未満児とされ，主に未就園の子どもである。一般型では，基本事業に加えて，市町村の委託などにより拠点施設などを活用した一時預かり事業，放課後児童健全育成事業，乳幼児家庭全戸訪問事業，養育支援訪問事業，出張ひろばや地域支援などを行うことも可能である。つまり，一般型では，子育て家庭を対象とした個別的な支援の展開と並行して，子どもの育ちと子育てを支える地域づくりに取り組むことも可能といえる。

2．連携型

　児童福祉施設など多様な子育て支援に関する施設に親子が集う場を設け，子育て支援のための取り組みを実施するものである。主として児童館での実施が想定される。基本事業に加えて，地域の子育て力を高めることを目的として，中・高校生や大学生などボランティアの日常的な受け入れ・養成を行うことも可能である。

第3節　地域におけるさまざまな取り組み

1．父親支援プログラム

　母親が子育てを楽しめない，あるいはいらだつ原因のひとつにパートナーとの関係がある。父親が家庭に関心をもち，精神的にも尊重しあう夫婦関係であれば母親も安定して子どもと向き合える。また，父親を慕う子どもの姿をみると，母親も孤独でなく安心して育児をすることができる。そういった点からも，父親が育児に関心をもちともに子育てをする意識を育てていくことは重要

である。

父親は、仕事上、目的を決めて行動する思考になれている。父親が育児をする意味や価値など父親へ伝える知識や情報の論理的な提示を心がけることが大切である。父親支援の企画は体を動かす、物をつくるなどの目的や活動があると参加しやすい。参加するきっかけは父子で遊ぶであっても、父親同士が知り合いになれる話し合いの場面も計画に含めるとよい。父親にも育児仲間が必要なのは母親同様であるからである。

2. 地域子育て支援ネットワーク事業（杉並区）

(1) 事業の概要

個人の力量や人間関係に依存する地域連携には不安定さがある。区内すべての地域で、人と人をつなげるために管制のネットワーク形成を進めたものが「地域子育てネットワーク事業」である。この事業は小学校区を範囲とし、関係機関の連携、保護者同士のつながりを軸として、地域のすべての人が子どもと子育てに関心と共通認識をもち、地域ぐるみの子育てを実現することを目標にしている。「出会い」「触れ合い」「支え合い」というキーワードで、すべての児童館が事務局となって行っている。事務局のスタッフによるコーディネートのもと「関係行政機関連絡会」と「地域連絡会」が開催されている。

(2) 関係行政機関連絡会

関係行政機関連絡会のメンバーは小学校の校長、副校長、小学校区の保育園長、担当保健師などが中心であるが、必要に応じてそのほかのメンバーが加わることもある。年1～3回開催され、お互いの事業について相互理解と、地域の子ども状況について情報交換が行われ、子どもに身近な機関が日常的に話し合える関係が出来てきている。その成果として、必要に応じて個別のケースについて情報を共有することもある。守秘義務が課せられたメンバーだけの会議なので可能になる。ここで、具体的な連携方法を検討し、いじめや虐待などの問題の予防や早期発見にもつなげている。

第11章　地域の子育て家庭への支援　103

（3）地域連絡会

　地域連絡会は行政機関メンバーに加え，地元の町会・自治会長，青少年育成委員会の代表，小学校 PTA の代表，地域と学校をつなぐ区から委嘱された青少年委員，民生児童委員など地域住民やボランティアが参加する。直接顔と顔を合わせて，地域や地域の子どもたちの様子などの情報交換や意見交換を行い，それぞれの団体について知る機会ともなり，同じ視点で子どもとかかわることができたり，課題があれば課題の解決に向けてともに取り組むこともできたりしている。その成果として，地域住民の目線での子育ての懇談会・情報交換会，研修会を開くことができてきている。

（4）地域子育てネットワークニュース

　地域子育てネットワークニュースは広報チラシであり，区内すべての小学校区で発行している。当初はこの事業をより多くの方に知ってもらうことが目的であったが，現在は，その地域の特色が出たものが多い。たとえば，親と子の「食」に対する考えを交わらせ「おいしい給食ランキング」や「食べたい昼食ランキング」「いたみにくいお弁当」など面白い記事がつくられてきている。地域の祭りやイベント特集，遊び場特集や危ない箇所特集などさまざまな企画がなされてきた。まさに，子育て情報誌といえる。

（5）ネットワークがもたらしたもの

　大きなイベントは，地域住民と関係機関のつながりにより実現が可能である。たとえば，保育士や栄養士，保健師が児童館のひろば事業で講座を開くこと，児童館職員が保健センターで親子プログラムを実施するなどである。また，中学生のひろば事業への参加，乳児院や保育園に中高生がボランティアとして訪問するといった「中高生と赤ちゃんのふれあい事業」もネットワーク関係のなかでこそ実現してきている。

参考文献

阿部和子『家庭支援論』萌文書林，2015 年

井村圭壯・相澤讓治編著『保育と家庭支援論』学文社，2015 年
厚生労働省「雇用機会均等基本調査」2015 年
戸澤正行「地域ぐるみの子育てを目指す児童館」『第 27 回日本福祉文化学会全国大
　会東京大会プログラム要旨集』2016 年，pp. 13-14
橋本真紀・山縣文治編『よくわかる家庭支援論（第 2 版）』ミネルヴァ書房，2015 年
松本園子・永田陽子・福川須美・堀口美智子『実践　家庭支援論（改訂版）』なな
　み書房，2014 年
吉田眞理『児童の福祉を支える　家庭支援論（第 2 版）』萌文書林，2016 年

第 **12** 章

要保護児童及びその家庭に対する支援

第1節　要保護児童への対応の基本姿勢

1．要保護児童と家庭への対応の考え方

　ここでいう要保護児童とは，特別な支援を必要としている子ども達のことである。誰もが日常的に体験することではないため，要保護児童とその家庭の問題は，周囲の人びとに相談し難いという特徴がある。たとえ相談できても，相手からの言葉に戸惑い，内閉的になり，自分たちの殻に閉じこもって周囲の援助を求めなくなることも少なくない。

　要保護児童やその家庭に対して，保育者として適切な対応をするためには，まず人間は個人のごく限られた体験の範囲でしか周囲の物事を捉えることができないことを自覚する必要がある。自分の常識や感覚で判断し，アドバイスしても，それは相手の心に届くとは限らない。基本的な態度として，相手の置かれた状況を評価しようとする気持ちを捨てて，まずは相手の話を充分に聴き，それを受け入れることが重要である。その上で，相手の置かれた状況を客観的に正しく把握し，更に適切な情報や支援を提供し，必要に応じて他の社会資源へとつなげていくことが求められる。

2．保育者としてできる支援のために

　保育者として，子どもの発達に関する知識や家庭支援の具体的な方法，そして関連する社会資源に関する情報などを身に付けておくことはいうまでもない。それらに加え，特に支援を必要とする家庭に関連して，現代社会や家庭が直面するさまざまな課題や病理について，普段から幅広く情報収集しておくことが重要である。事態の家庭に及ぼす影響や，一般的な帰結，軽減の方法や家族の心理などの知識も必要になってくる。また，表面にあらわれた問題への対処的な解決を考えるだけではなく，結果的に家庭全体の機能を回復させるという視点をもつことも重要である。

　保育者に限ったことではないが，支援する側は相談されると「何とかしてあげたい」という気持ちが強く働き，自分ひとりで問題を抱え込んでしまうことがある。もちろんひとりで対応して何とかなる場面もあるが，多くの場合，複数の保育者による支援が効果的である。その際，保育者同士の情報の共有や連携などが求められる。

　支援をする際に，相手のためを思って最良と思われる選択肢を押しつけてしまうことがある。人が行動する際，それが自己決定によることは重要な意味をもっている。同じ支援であっても，家族が自ら選択できる場面を提供することの大切さも，保育者として理解しておくべきである。

　家庭支援の目的は，その家庭が自立して機能することにある。社会資源を活用するだけの支援を続けていても，本来の家庭の自立にはつながらないことも少なくない。家庭の機能の回復には何が必要なのかを十分に考えることが望まれる。

　家庭のニーズに合った適切な支援を考えた時，保育所やこども園，児童養護施設などだけですべての役割を担うことは難しい。そこで，地域のさまざまな社会資源と連携しながら，家庭が必要としている支援を補完し合うことが求められる。さまざまな社会資源の支援者が連携していく姿は，今日，特別なもの

第12章　要保護児童及びその家庭に対する支援　107

ではなくなっている。この連携がスムーズにいくと，家庭が混乱することなく適切な支援をうけることができる。

第2節　障がいをもった子どもとその家庭への支援

1．発達障害に対する支援の特徴

　障がいを抱えた子どもは，特別な支援を必要とすることがある。障がいの種類によって，子どもへの対応は異なり，保育者は障がい種ごとに基本的な知識をもっておくことが必要である。とはいえ，従来からの障がいは，入園，入所する際には既に明らかになっていることがほとんどで，保護者とともに，あるいは保護者から学びながら対応していくことが多かった。ところが，発達障害では，障がいは生まれた後に次第に明らかになることがほとんどで，はっきりと見える形で機能が失われていることは少ない。従来の障がいとは異なり，保育者には子どもの障がいに直面する家庭に寄り添った支援をすることが求められている。

表12—1　幼児期に明らかになることの多い発達障害

	特　徴	特徴の変化
自閉症スペクトラム障害 ASD (autism spectrum disorder)	• 社会的コミュニケーションおよび相互関係の障害 • 限定された反復的な行動，興味，活動が診断の基準となる • 知的障害を伴うこともある	低年齢では多動，感覚過敏，偏食や小食，睡眠障害などが顕著にみられる 思春期になるとこだわり，強迫的行動，自傷・他害行為などが問題になることもある
注意欠如・多動性障害 AD/HD (attention deficit and hyperactivity disorder)	• 注意の障害 • 落ち着きのなさ（多動） • 高い衝動性 　の3点が特徴として見られる • LD（学習障害）を伴うこともある	低年齢では履き違い，取り違えなどの注意の問題や，いきなりたたく，かみつくなどの衝動性の高さが見られることもある 多動や衝動性は成長に従って目立たなくなる

108

表12-1は幼児期に明らかになることが多い，2つのタイプの発達障害について
その特徴を示したものである。社会的活動や言語，認知の領域が未発達の
乳児の場合，症状がわかりやすくあらわれることはまれである。他の障がいと
比較して発見や確定診断がつく年齢が遅くなる傾向があり，これが発達障害を
もつ子どもとその家庭への支援を難しくさせている原因となっている。

2．発達障害の子どもへの支援

発達障害の子どものいる家庭への支援は，(1)基本的に子どもの生活の機能
を高めていく方向の支援と，(2)保護者による子どもの障がいの受け入れと，
その後のフォローに対する支援から成り立っている。(1)の支援について重要
なポイントを以下に示す。

言葉の遅れが指摘されることの多い発達障害児の場合，保護者はどうしても
言葉の獲得に注意が向きがちである。しかし，発達障害児の言葉の遅れに影響
する原因が，周囲の人間とのコミュニケーションの関心の低さにあることを考
えるとき，言語以外のチャンネルでのコミュニケーションの発達を促す支援が
鍵になる。

子どもが強いこだわりを示し，同じ動作を繰り返すとき，周囲の大人は思わ
ず制止してしまう。しかし，他の子どもと同じ活動を無理にさせようとしても
うまくいかない。普段の姿のなかから，その子どもの興味のあることを見つ
け，時間をかけて促していくことが支援としては大切である。

最近，落ち着きのない子どもが増えてきているといわれる。落ち着きのなさ
の背景には注意の集中ができないことや，没頭すると周りが見えなくなること
などが指摘されている。無理に落ち着かせようとしても，子どもにとってそれ
は難しい。まずは興味があり落ち着いてできることを徐々に増やすことや，我
慢できる時間を少しずつ長くすることで対応してみる。また，予定を示し，具
体的な見通しをもたせることも効果的である。そして，それができた場面で
は，必ずほめることも大切である。

第12章　要保護児童及びその家庭に対する支援　109

　ともすれば，保育者は子どもの不適応な行動を減らそうと，働きかけを試みる。そうした場面では，むしろ適応行動を増やすことが，結果的に不適応行動を減らすことを忘れがちである。適応的な行動が増えているような場面では，積極的にほめることで，それを維持するような対応が求められる。ペアレントトレーニングも基本的にはこの考え方を取り入れた保護者支援のプログラムである。この他，比較的よく用いられる支援の方法としては，① 安心できる場所作り，② 視覚的情報提示，③ 見通しが持てる伝え方などがある。

3．発達障害の保護者への支援

（1）保護者のストレスの大きさを知る

　もうひとつの支援の対象は発達障害をもった子どもの保護者となる。先にも述べたように，発達障害の多くは乳児期の時点では健常な子どもとの区別が困難で，発達の過程で子どもの障がいと向き合うことになる。その障がい受容のプロセスは，障がいを疑う心理と，否定する心理との間で揺れ動くことが特徴とされている。子どもに対する喜びと不安，希望と失望という相反する感情を長期間にわたって体験することは，保護者の大きなストレスとなる。

　他の子どもと比較して，発達の偏りを感じ，わが子の場面にそぐわない行動や周囲の理解不足によって，子育てに自信を失い孤立していくことは，同じく子育てにとって大きなストレスとなる。保護者の抱えるストレスを理解しておくことは，家庭支援にとって重要な役割をもっている。

（2）保護者との信頼関係をつくる

　この時期，大人との関係では特に問題がない一方で，同年齢の子どもとの間ではさまざまな問題を示す場合がある。家庭ではする必要がなかったことが，入園して必要となり，園では上手くできないケースもある。園からの指摘と家庭での様子が大きく違うと，それが園に対する不信感につながる。普段から，保護者とのやりとりを通して家庭での様子を十分把握しておくことや，保護者との信頼関係を築いておくことも，支援の際に大きく影響する。

家庭への支援は，障がいをもった子どもの兄弟姉妹にも向けられる。家庭では障がいをもつ子どもの方に手を取られるため，その他の兄弟姉妹へのかかわりは薄くならざるを得ない。したがって，保育者は家庭の様子にも気を配り，兄弟姉妹へのフォローも必要になる。

　保護者が子どもの発達の偏りに気づかない，あるいは，受け入れられない場合，保育者がそれを告げることが信頼関係のリスクとなる場合もある。そのような時には，他者の手を借りて保護者の気づきを促すことも有効な対処法である。市町村が実施する乳幼児健康診査は，母子保健担当の保健師が中心となり，医師，心理担当者等が協力して子どもの発達に関する診察を行うが，保護者の気づきをうる有効な機会でもある。児童相談所が主催する巡回相談なども，保護者の気づきに役立てることができる。

第3節　虐待をうけた子どもとその家庭に対する支援

1．児童虐待の現状

　2015（平成27）年に児童相談所が対応した虐待の相談・通報件数が初めて10万件を超えたことが明らかになった。これは全国208ヵ所の児童相談所が対応した件数をまとめたもので，前年度から1万4,329件増加し，10年間で3倍になっている。その内訳は，心理的虐待がもっとも多く，以下，身体的虐待，ネグレクト（育児放棄），性的虐待の順に続いている。近年の心理的虐待の増加の背景には，特に子どもの目の前で家族に暴力をふるうケース（面前DV）が増えていることが主要な原因とされている。しかし，これらのデータからだけでは，児童虐待が単純に増加しているのか，社会の児童虐待への関心の高まりが通告の増加を生じさせているのか判断することは難しい。児童虐待の増加問題は，研究者の間でも未だに意見の分かれている問題である。

第 12 章　要保護児童及びその家庭に対する支援　111

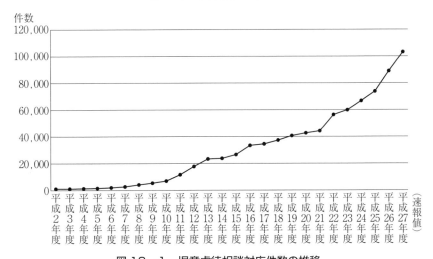

図 12—1　児童虐待相談対応件数の推移

出所）平成 27 年度児童虐待対応件数（速報値），厚生労働省，2016 年

2．児童虐待の原因と対応

　虐待がなぜ起こるのかについて考えると，大きく3つの要因が関与していることが知られている。それぞれ1）保護者の側のリスク要因，2）子どもの側のリスク要因，3）養育環境のリスク要因である（それぞれのリスク要因と具体的な事例については表12-2を参照）。こうしたリスク要因が単独で，あるいは複数関与して虐待が起こることがわかっており，保育者は子どもの家庭のリスクにかかわる要因を把握しておくことも大切である。しかし，リスクが高ければ虐待が起こるかというと，必ずしもそうとはいえず，たとえば子育てを援助してもらえる親戚が近所に住んでいることや相談できる知人がいるなどの，虐待を防止する方向に働く防御因子とよばれている要因の存在も虐待には影響する。リスクの要因からのみその家庭を色めがねでみてしまうことは厳に慎まねばならず判断が難しい。

　児童相談所に虐待の通告や相談がなされた場合，その後，子どもと家庭は以

112

表12—2　虐待のリスク要因と具体的な例

1．保護者側のリスク要因	・妊娠そのものを受容することが困難（望まぬ妊娠，10代の妊娠） ・子どもへの愛着形成が十分に行われていない（妊娠中に早産等何らかの問題が発生したことで胎児への受容に影響がある。長期入院） ・マタニティーブルーズや産後うつ病等精神的に不安定な状況 ・元来性格が攻撃的・衝動的 ・医療につながっていない精神障害，知的障害，慢性疾患，アルコール依存，薬物依存 ・被虐待経験 ・育児に対する不安やストレス（保護者が精神的に未熟）　等
2．子ども側のリスク要因	・乳児期の子ども ・未熟児 ・障害児 ・何らかの育てにくさを持っている子ども　等
3．養育環境のリスク要因	・未婚を含む単身家庭 ・内縁者や同居人がいる家庭 ・子連れの再婚家庭 ・夫婦関係を始め人間関係に問題を抱える家庭 ・転居を繰り返す家庭 ・親族や地域社会から孤立した家庭 ・生計者の失業や転職の繰り返し等で経済不安のある家庭 ・夫婦不和，配偶者からの暴力等不安定な状況にある家庭 ・定期的な健康診査を受診しない　等

出所）厚生労働省雇用均等・児童家庭局総務課『子ども虐待対応の手引き（平成25年8月改訂版）』2013年，p.29をもとに筆者一部改変

下のような経過をたどる。児童相談所は通告などを受理した後，関係機関と連携しつつ情報を収集する。この時点で緊急性を判断し，必要に応じて一時保護を行う。その後，子どもについては家庭での養育か，家庭から分離するのかといった対応を決定する。その一方で，保護者に対する指導を行い，虐待の解消を図る。家庭での養育環境が改善されたことが確認された場合，子どもと家庭

の再統合を行う。

これまで児童相談所が中心となって児童虐待の問題に対応してきたが，虐待問題が深刻化するなか，2005（平成17）年から「児童福祉法」の改正に伴って，市町村ごとに虐待などの対応に関する情報交換と協議を行うための「要保護児童対策地域協議会」を設置することが義務づけられている。従来の子育て支援の対策においても実施の主体は国から市町村へ移行してきており，虐待の対応においても同様にわれわれにとっても身近な市町村の役割が大きくなっている。

3．子どもと保護者に対する支援

保育者ができる子どもへの支援の最たるものは，虐待の早期発見・早期対応の手助けである。そのため，保育者には日常的に子ども達と接する者であればこそ気づく，外傷や衣類，持ち物などの様子，行動や発言の変化などを読み取るスキルが求められる。

被虐待児童の示す特徴としては，食欲亢進や低栄養状態，衛生的でない身体や衣服，不自然に反復する外傷，衝動性・攻撃性が高く，大人に対する不信や不安などがよく知られている。このような特徴がみられた場合，虐待が疑われることも知っておく必要がある。また，虐待をうけた子どもは自分と保護者を庇うために無意識的に自発的な感情表現が減り，虐待が生じていないかのように振る舞うことがある。

保育者には子どもにそれまでとは異なった不適応な行動が出現した際に，その意味を受け止める力が求められる。実際に突然あらわれる不適応な行動には虐待などの何らかの意味があることが少なくない。行動の表面的な意味だけにとらわれず，その背景に子どもからのメッセージが隠されていないかを推測することも虐待に対する大切な対応である。

保育者は保護者と接することも多く，家庭の様子をある程度知ることができる。これは子どもと家庭のリスク要因を把握するうえで大変重要である。普段

から家庭の状況を把握しておくことは，実際に虐待が発生した際の迅速な情報提供や的確な対応を可能にする意味でも重要な家庭支援である。

　虐待をうけた子どもがその後の生活に適応していくための要因の研究において，愛着関係が強力な防御因子となることが近年明らかにされている。また，レジリエンスとよばれる子どものもつ回復力が，その後の適応に有用であることも明らかにされている。虐待によって損なわれる可能性の高い，その子どもの人格の基礎をつくる安心感や信頼感，自己肯定感などは，愛着関係が形成されることで修復，回復されていく。子どもと保護者との間に愛着を再形成する手助けも保育者のできる家庭支援である。

　近年，家庭へのさまざまな子育て支援の取り組みは，同時に虐待への予防的効果をもつと考えられてきた。これは，子育て支援のもつ子育て家庭の孤立を防ぐ働きに加えて，子育ての悩みや不安を蓄積しないという機能が，虐待の発生や深刻化を予防することにつながると説明されている。すなわち，保育者が地域の子育て支援に熱心に取り組むことは，子どもへの虐待を未然に防ぐ家庭支援のひとつなのである。

参考文献

厚生労働省雇用均等・児童家庭局総務課「子ども虐待対応の手引き（平成25年8月改訂版）」2013年
野呂文行『園での「気になる子」対応ガイド』ひかりのくに，2006年
渡辺顕一郎・金山美和子『家庭支援の理論と方法』金子書房，2015年

第13章

子育て支援における関係機関との連携

第1節　国の機関

1．厚生労働省

「児童福祉法」第2条において，「国及び地方公共団体は，児童の保護者とともに，児童を心身ともに健やかに育成する責任を負う。」と明記されている。このことから，児童の健全な育成の責任は保護者だけでなく，行政にも課せられているといえる。そこで，国レベルで子育て支援を担う機関として厚生労働省が設置されている。厚生労働省は子育て支援だけでなく，わが国の社会福祉，労働行政全般において大きな役割を果たしている。厚生労働省内にはいくつかの部局が存在しているが，子育て支援など児童家庭福祉を担当しているのは雇用均等・児童家庭局である。同局では雇用機会の均等化，育児・介護休業制度，保育や社会的養護，母子及び父子並びに寡婦の福祉施策などを担当している。

なお，平成27年度より開始された子ども・子育て支援新制度については，内閣府に子ども子育て本部が設置され，そのもとで施策が進められている。

2．審議会

厚生労働省には厚生労働大臣の諮問機関として，社会保障審議会や厚生科学

審議会といった各種審議会が設置されている。さらに，審議会には数多くの分科会や部会が設けられている。児童家庭福祉に関しては，社会保障審議会の児童部会や少子化対策特別部会で審議され，厚生労働大臣の諮問に答えるとともに，関係省庁への意見具申を行っている。

第2節　地方公共団体の機関

1．都道府県

　都道府県では，各自治体により名称は異なるものの，健康福祉部など児童家庭福祉を担当する部局が子育て支援について管轄している。子育て支援における実務の多くは市町村や各種専門相談機関が担当することになるが，都道府県は市町村に対して，情報提供や連絡調整，広域的見地からの実情把握，助言などを行っている。また，相談にあたる機関として，児童相談所，福祉事務所，保健所を設置している。

2．市町村

　市町村は，「児童福祉法」第10条において，児童及び妊産婦の福祉に関し，必要な実情の把握，情報提供，家庭その他からの相談に応じ，必要な調査及び指導を行うこと，となっている。さらに，家庭からの相談対応にあたり，専門的な知識や技術を必要とする場合には児童相談所の援助や助言を仰ぐことになっている。現在，市町村は住民にとってもっとも身近な相談窓口としての役割が求められ，児童虐待など子育て家庭に起こる問題の早期発見・対応も担うことになってきている。そのため，地域のさまざまな専門機関が連携し社会的養護を必要とする児童に関する情報交換を行う要保護児童対策地域協議会の設置運営についても中心的な役割を果たしている。また，「児童福祉法」では市町村に対し，放課後児童健全育成事業，子育て短期支援事業，乳児家庭全戸訪問事業，養育支援訪問事業，地域子育て支援拠点事業，一時預かり事業，病児保

第13章　子育て支援における関係機関との連携　117

育事業及び子育て援助活動支援事業を実施することと規定している。市町村は
今後，ますます増加，高度化していく子育てニーズに対応していくことが求め
られている。

3．児童相談所

　児童相談所は「児童福祉法」第12条に規定される子育てをはじめとする児
童家庭相談に関する専門機関である。都道府県及び指定都市に設置義務があ
る。また，中核市も設置することができる。児童相談所には，児童福祉司，児
童心理士，児童指導員，保育士，医師などの専門職が配置されている。児童相
談所の主な機能は，市町村の援助，家庭などからの相談，措置，一時保護であ
る。具体的な相談内容は，養護相談，育成相談，非行相談，障がい相談，保健
相談に分類される。これらのうち，もっとも多いのは障がい相談であり，次い
で養護相談となっている。養護相談とは，保護者の失踪や死亡，離婚などによ
る養育困難のほか，虐待相談があり，近年急増している。2004（平成16）年の
「児童福祉法」改正により児童相談の窓口が市町村にも広げられた結果，児童
相談所は虐待など緊急性があり難易度の高いケースへの対応や市町村の相談業
務を後方支援する役割を果たすことになった。子育てを取り巻くさまざまな問
題に対し，児童相談所は市町村，児童福祉施設，学校，医療機関，司法，警
察，児童委員，NPOなどと連携を図りながら対応している。

4．福祉事務所

　福祉事務所は「社会福祉法」第14条に規定されている福祉に関する事務所
をさす。福祉事務所は福祉六法に定める，援護，育成，更生の措置に関する事
務を行う行政機関である。都道府県及び特別区，市に設置が義務づけられてお
り，町村は任意となっている。市町村福祉事務所は「生活保護法」，「児童福祉
法」，「身体障害者福祉法」，「知的障害者福祉法」，「老人福祉法」，「母子及び父
子並びに寡婦福祉法」の六法を所管するのに対し，都道府県福祉事務所は「生

活保護法」,「児童福祉法」,「母子及び父子並びに寡婦福祉法」の三法を所管している。福祉事務所には, 所長, 査察指導員（スーパーバイザー), 現業員（ケースワーカー), 事務職員が配置され, このうち査察指導員と現業員は社会福祉主事でなければならない, とされている。

福祉事務所には家庭児童相談室が設置され, 社会福祉主事及び非常勤の家庭相談員が配置されている。この相談室が担当地域内の子育て相談の窓口となっており, 増加し続けている児童虐待への対応, 子育てに関する助言, 指導を行っている。

5. 保健所

保健所は「地域保健法」により, 都道府県, 指定都市, 中核市に設置が義務づけられている。保健所は地域の保健活動の中心となるものであり, 地域住民の健康の保持及び増進を図っている。保健所には, 医師のほか, 保健師, 獣医師, 薬剤師, 臨床検査技師, 管理栄養士などの専門職が配置されている。保健所は, 児童の保健について正しい知識の普及を図ることや健康相談, 健康診査, 必要に応じて保健指導をすることになっている。また, 児童相談所は相談に応じた児童, その保護者または妊産婦について, 保健所に対し保健指導その他必要な協力を求めることができる, とされている。近年, 虐待のため, 栄養状態など発育発達に問題を抱えているケースが増加している。また, 保健所は乳幼児健診などを通じて子育て家庭にかかわる機会が多く, 今後関連機関との連携がますます求められてくると考えられる。

6. 市町村保健センター

市町村保健センターは,「地域保健法」第18条に規定され, 市町村が設置できることになっている。このセンターの業務は住民に対し, 健康相談, 保健指導及び健康診査その他地域保健に関し必要な事業を行うことである。市町村保健センターには, 保健師, 栄養士, 看護師などが配置されている。子育て支援

第13章　子育て支援における関係機関との連携　119

に関する具体的な業務としては，新生児訪問や各種健診，乳児家庭全戸訪問事業などがある。このように保健センターは母子保健，老人保健を中心に地域住民にとって身近な健康増進のための機関としての役割を果たしつつ，市町村，児童相談所などとも連携し，虐待の予防，早期発見をする機能も期待されている。

第3節　児童委員・主任児童委員

　児童委員は，「児童福祉法」に規定されており，市町村の区域に児童委員を置くことになっている。なお，「民生委員法」による民生委員は児童委員に充てられたものとする。厚生労働大臣は，児童委員のうちから，主任児童委員を指名する。厚生労働大臣の指名は「民生委員法」により規定されており，都道府県の推薦によって，厚生労働大臣が委嘱することになっている。都道府県知事は，推薦を行うにあたっては，市町村に設置された民生委員推薦会が推薦した者について行うものとする。「民生委員法」では主任児童委員に関しては，都道府県知事および民生委員推薦会は，民生委員の推薦を行うに当たっては当該推薦に係る者のうちから「児童福祉法」の主任児童委員として指名されるべき者を明示しなければならなくなっている。

　主任児童委員に関しては，1994（平成6）年1月から，児童福祉に関する事項を専門的に担当する主任児童委員（児童委員のうちから指名）が設置され，2001（平成13）年12月の「児童福祉法」の一部改正に伴い法定化された。[1]

　児童委員の職務であるが，以下の内容が基本となる。

(1)　児童及び妊産婦につき，その生活及び取り巻く環境の状況を適切に把握しておくこと。

(2)　児童及び妊産婦につき，その保護，保健その他福祉に関し，サービスを適切に利用するために必要な情報の提供その他の援助及び指導を行うこと。

120

(3) 児童及び妊産婦に係る社会福祉を目的とする事業を経営する者または児童の健やかな育成に関する活動を行う者と密接に連携し，その事業または活動を支援すること。

(4) 児童福祉司または福祉事務所の社会福祉主事の行う職務に協力すること。

(5) 児童の健やかな育成に関する気運の醸成に努めること。

(6) 上記のほか，必要に応じて，児童および妊産婦の福祉の増進を図るための活動を行うこと。

なお，主任児童委員は，児童の福祉に関する機関と児童委員との連絡調整を行うとともに，児童委員の活動に対する援助および協力を行うことになっている。また，児童委員はその職務に関し，都道府県知事の指揮監督をうけなければならない。

市町村長または児童相談所と児童委員との関係であるが，「児童福祉法」では以下の事項が規定されている。

(1) 市町村長は，児童委員に必要な状況の通報及び資料の提供を求め，並びに必要な提示をすることができる。

(2) 児童委員は，その担当区域内における児童または妊産婦に関し，必要な事項につき，その担当区域を管轄する児童相談所長または市町村長にその状況を通知し，併せて意見を述べなければならい。

(3) 児童委員は，児童相談所長に通知をするときは，緊急の必要があると認める場合を除き，市町村長を経由するものとする。

(4) 児童相談所長は，その管轄区域内の児童委員に必要な調査を委嘱することができることになっている。

注

1) 厚生労働統計協会編『国民の福祉と介護の動向』厚生労働統計協会，2015年，p.255

参考文献

安藤和彦編著『家庭支援論』あいり出版，2014 年

井村圭壯・今井慶宗編著『現代の保育と家庭支援論』学文社，2015 年

井村圭壯・相澤譲治編著『保育と家庭支援論』学文社，2015 年

井村圭壯・今井慶宗編著『保育実践と家庭支援論』勁草書房，2016 年

井村圭壯・相澤譲治編著『社会福祉の基本と課題』勁草書房，2015 年

社会福祉の動向編集委員会編『社会福祉の動向 2016』中央法規，2016 年

中野由美子編著『家庭支援論』一藝社，2013 年

橋本真紀・山縣文治編『よくわかる家庭支援論（第 2 版)』ミネルヴァ書房，2015 年

第 **14** 章

子育て支援サービスの課題

第1節　要保護児童とその家庭と保育士

1．保育士による子ども虐待への対応

　2009（平成21）年より施行されている保育所保育指針では，通園児にかぎらず，地域での子育て支援が保育士には求められる。具体的には，子ども虐待や障がいが疑われる子どもに対応したり，育児に悩む保護者の相談にのったり，福祉的な支援をしたりするのである。「児童虐待防止法」でも，学校，児童福祉施設，病院その他，児童の福祉に業務上関係のあるものは子ども虐待の早期発見に努めなければならないと謳われている。留意点としては，保育所のみで保護者支援の役割を抱え込まないことが大切である。子ども虐待は，2004（平成16）年に改正された「児童福祉法」では「要保護児童対策地域協議会」の設置を定めた。この協議会の実務者会議・個別ケース検討会議と保育所が連携することが求められたのだ。なお，このときの改正では，同協議会の設置義務化はされなかったが，同年に発表された「子ども・子育て応援プラン」では，全市区町村に設置することが目標とされた。

2．保育士による障がい児をもつ家庭への支援

　肢体不自由のように一目でわかりやすい障がいから内部障がいや知的障がい

などのように見た目でわからない障がいまでさまざまである。昨今では，自閉症や学習障がい，注意欠陥多動性障がいなどの発達障がいも知られるようになった。発達障がい児を育てる親のなかには，我が子の運動発達，ことば，知的発達，友人関係がもてないなどの課題があるため，育児に困難に感じて，不眠に陥る親もいる。さらに，鬱的になる者も見受けられる。ゆえに，親が発達障がいについての理解を深めること，鬱状態になる前に社会全体で子育てに取り組む姿勢が必要である。このためには，社会全体が発達障がいに対しての理解が大切である。

このように「障がい」の枠では捉えられない「気になる子」も少なくない。こうしたなか「障がいも個性」であるという考え方も浸透してきた。これは，障がい児をいわゆる健常児と分離するのではなく，"個性として同じ枠"のなかで捉えるための考え方である。さらに，障がいは「人間の一部の特性でしかない」という思いも込められている。

しかし，障がい児の親，特に母親の生き方に社会は注目する。母親が，けなげであったり，わが子の可能性を伸ばすのに熱心だったりすると，社会の評価はよくなる。つまり，理想の障がい児の母親像を社会はつくり，これに合致すれば「良い母親」と称賛される。[1]

母親は，健常児の場合でも子どもとワンセットで見られがちであるが，障がい児の場合はこの傾向が強いのではないか。ちなみに，伊藤智佳子らは，障がい児というマイナス存在の親とのつき合いをすることに，世間は慣れていないと述べている。いずれにしても，保育士は障がい児をもつ親に寄り添うことが必要である。[2]

3．児童福祉施設における家庭への支援

児童福祉施設に子どもが入所する場合は，将来家族のもとで暮らせるように家庭を支援していくことも保育士の業務である。たとえば，入所前後には，子どもを児童養護施設に入所させることで，「自分はだめな親」などと感じない

ように留意する必要がある。そのためには，保護者に子どもが入所する施設について説明し，見学の機会を設けるなどのインフォームドコンセントが大切だろう。

入所後は家庭との関係が分断されないように，「おたより」や「写真」などを家族に送ったり，行事に参加することを依頼するなど，面会に来やすいように，保護者を支援する必要性もある。他方で，面会のない保護者や親権を放棄しているなどの場合には，里親委託へつなげていくこと大切な業務である。

第2節　相談援助の方法と原則

保育士をはじめとする子どもにかかわる専門職には，従来の業務だけではなく，地域での子育て支援の業務が加わり，この結果，地域の関係機関などの社会資源を活用したソーシャルワーカーとしての役割も求められるようになった。ここでは，ソーシャルワークの中核となる相談援助の展開過程とソーシャルワークの代表的な原則である，バイステック（Felix P. Biestek）の7原則を紹介する。

ソーシャルワークは，図14−1のように展開される。「インテーク（受理）」⇒「アセスメント（事前評価）」⇒「プランニング（援助計画）」⇒「インターベンション（援助介入）」⇒「モニタリング（事後点検）」⇒「エバリュエーション（事後評価）」⇒「ターミネーション（終結）」という過程である。

特に，複雑な問題を抱えている家庭への支援では，他の機関との連携などや他の専門職からのコンサルテーションが欠かせない。

バイステックの7原則は，① 個別化（利用者を個人として捉える），② 意図的な感情表出（利用者の肯定的・否定的な感情を表出させるように配慮して，これを大切にする），③ 統制された情緒的関与（利用者のさまざまな感情を自覚・吟味して，適切にかかわる），④ 受容（利用者を価値ある人間として受け止める），⑤ 非審判的態度（利用者を一方的に非難しない），⑥ 自己決定（利用者が自分のことを自分で決

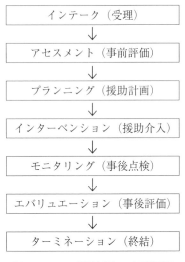

図14—1　相談援助の実践過程

出所）松井圭三編著『家庭支援論』大学教育出版，2012年，p.139

める），⑦秘密保持（利用者に関する情報を漏らさない），である[3]。この7原則は長い間受け継がれてきた援助者の行動原理ともいわれており，援助関係における相互作用であり，7つの原則は利用者のニーズから導き出されたものである。

第3節　保育所と地域子育て支援拠点事業

1．子ども虐待の現状と保育所

　厚生労働省が，1990（平成2）年に統計資料を収集するようになった虐待通告対応件数は，1,101件であった。それ以前は，極めて例外的な事象であり，統計資料の収集すら必要性がないと推測されていた。しかし，子ども虐待が看過できないことであるとの認識を国や地方自治体がもつようになった。この意味で，先述の1990年はわが国における虐待元年といえると西澤は指摘して

いる。この10年後には、「児童虐待防止法」がスタートしているが、一度も通告対応件数は減少することなく、現在に至っている。通告対応件数は2014（平成26）年は、8万8,931件であり、1990（平成2）年と比較すると、少子化のなか80倍という驚くべき事態である。

このような状況下、たとえば24時間中、8時間だけでも子どもが保育所で生活することで、保護者の育児ストレスが緩和するケースも多くある。だとすれば、保育所は児童虐待の中核的な施設といえる。

2．地域子育て支援拠点事業

子ども虐待に限らず、子育てについての悩み相談の窓口としては、児童相談所の他にも地域子育て支援センターがある。1995（平成7）年には「保育所地域子育てモデル事業」から「地域子育て支援センター事業」と名称を変更して実施されていた。その後、変遷を経て2012（平成24）年に成立した「子ども・子育て支援法」により一般型と連携型などに再編された。これらは、①子育て親子の交流の場の提供、②子育てなどに関する相談・援助の実施、③地域の子育ての関連情報の提供、④子育て及び子育て支援に関する講習会などの実施である。

2015（平成17）年4月から始まった子ども・子育て支援新制度でも、教育・保育給付と並び、在宅の子育て家庭を支援するための「地域子ども・子育て支援事業」も大きな柱である。この事業のなかに「地域子育て支援拠点事業」として位置づけられ大きな役割を担う場となっている。

就学前の子どものうち、3歳未満の約8割は保育所に通所せず家庭などで育っているからだ。地域のつながりが希薄なことや核家族化、または、父親の家事・育児へのかかわりが十分ではない昨今の状況を考えると、同事業の役割は大切だ。なお、実施主体である市町村では、地域の実情に合った支援を模索しており、現場にいる杉岡は、利用者にとって遊びや場の提供をどのようにすれば、子育て支援につなげることができるのか、利用できない人、支援を求めな

い人，あるいは求められない人こそ支援が必要ではないかと，多くの課題を感じたと述べている。さらに，吉田は地域子育て支援センターに来て，入ろうかどうしようか迷っている保護者に，対しては温かく迎えてくれる感じを与えて，なかに入ることができるように支援する必要があると指摘している。

第4節　今後の子育て支援の課題

　わが国における女性の年齢別労働力率をグラフに描くと20代後半から30代前半の部分が大きくへこむため，アルファベットのＭの字に似た形になる。これは，女性の6割が，第1子出産を機に退職して，子どもが一定の年齢になってから再び就労を開始する傾向があることを示している。

　このＭ字型から台形の労働力率へシフトさせるには，育児休業制度を使いやすくする必要がある。現行では，原則として子どもが1歳まで取得できる。保育所に入ることができない場合は，1歳6か月まで延ばすことが可能だ。育休中は育児休業給付金を受け取ることができる。今後は，最長で子どもが2歳までとすることを視野に，国は検討している。さらに，2009（平成21）年からは育児休業を取得し，職場復帰した場合には，「時短制度」や「所定外労働時間の免除」を活用できるようになった。つまり，「三歳までの子を養育する労働者については，短時間勤務制度（1日6時間）を設けること」が事業主の義務とされた。今までは，出産後も正社員として就労できるのは，出産後も残業することが可能な女性だけであった。しかし，先述の制度により仕事をこなすことができる。

　が，妊娠・出産後や育児中や「時短制度」の活用の働く女性に嫌がらせをするマタニティハラスメントが横行している。これらは，昔からあったが"マタハラ"という言葉が昨今知られるようになり，働く女性たちのなかには名乗り出る者が増えた。これらの声を真摯に受けとめ対応していく姿勢が企業社会には求められる。

注

1）伊藤智圭子ほか『障害をもつ家族の心理』一橋出版，2003 年，p. 103
2）同上，p. 104
3）F. P. バイステック著，尾崎新ほか訳『ケースワークの原則―援助関係を形成する技法（新訳改訂版）』誠信書房，2006 年，p. 27
4）西澤哲「家族の中の虐待　統計資料等に見られる特徴」『児童心理』第 69 巻第15 号，p. 11
5）橋本裕子編著『家庭支援論』光生館，2016 年，p. 113
6）吉田眞理『児童の福祉を支える　家庭支援論（第 2 版）』萌文書林，2016 年，pp. 103-104

参考文献

井村圭壯・今井慶宗編著『現代の保育と家庭支援論』学文社，2015 年
大内伸哉『雇用改革の真実』日本経済新聞出版社，2014 年
佐藤博樹・武石恵美子『職場のワーク・ライフ・バランス』日本経済新聞出版社，2000 年
溝上憲文『マタニティハラスメント』宝島社，2013 年

索 引

あ 行

アセスメント………………………28
1.57 ショック ………………………69
一時預かり事業……………………81
インテーク…………………………28
インフォーマルな社会資源…………65
援助計画……………………………28
援助の実施…………………………28
延長保育事業………………………81

か 行

介入…………………………………28
学童保育事業………………………82
家族とは…………………………1, 2
家族の機能……………………………8
家庭支援…………………………15, 18
　──の理念………………………23
家庭児童相談室……………………60
家庭的保育事業……………………94
家庭の人間関係……………………37
家父長制（家制度）…………………5
協業型家族……………………………7
居宅訪問型保育事業………………94
近代家族………………………………6
グループワーク……………………29
経済的支援…………………………21
ケースワーク………………………28
結婚の変化…………………………34
厚生労働省………………………115
国民生活に関する世論調査…………9
子育て援助活動支援事業………63, 82
子育て家族…………………………13

子育て家庭への支援体制

子育て家庭への支援体制……………20
子育てに関する相談体制……………20
子育てサークル……………………66, 100
子育て支援員………………………62
子育て支援施策・次世代育成支援施
　策…………………………………69
子育て支援センター………………98
子育て世代包括支援センター………67
子育て短期支援事業………………63
子育て短期事業支援事業…………83
子育てひろば………………………99
子ども虐待…………………………126
子ども・子育てビジョン…………72
子ども・子育て支援新制度…66, 74, 75
子ども・子育て支援法…………74, 77
個別援助……………………………28
コミュニティワーク………………29
こんにちは赤ちゃん事業…………83

さ 行

ジェンダーギャップ指数……………51
事業所内保育事業…………………94
次世代育成支援……………………19
次世代育成支援対策推進法…………70
事前評価……………………………28
自治会………………………………99
市町村保健センター………………61, 118
市町村………………………………60, 116
児童委員…………………………62, 99, 119
児童家庭支援センター……………61
児童家庭相談室……………………98
児童館……………………………64, 98
児童虐待……………………………110

児童相談所……………… 61, 117
児童相談所…………………61
児童発達支援センター………… 64, 98
児童養護施設…………………64
社会資源…………………59
集団援助…………………29
主観的家族論………………… 4
出生率…………………36
主任児童委員……………… 62, 119
受理面接…………………28
小規模保育事業………………94
少子化社会対策基本法………………70
少子化社会対策大綱………………73
少子高齢化社会…………………44
情報化社会…………………42
情報の発信・提供………………20
初回面接…………………28
ショートステイ…………………63
女性活躍推進法…………………54
審議会……………… 117
人口高齢化社会…………………43
新待機児童ゼロ作戦………………72
スクールソーシャルワーカー………62
全国保育士会倫理綱領………………25

た 行

男女共同参画基本計画………………53
男女共同参画社会…………………49
男女共同参画社会基本法………………52
男女雇用機会均等法………………54
地域援助…………………29
地域型保育事業…………………94
地域子育て拠点事業……………… 100
地域子育て支援…………………79
地域子育て支援拠点事業…… 84, 127
地域社会の再形成…………………45
地域子育て支援拠点事業………………63

地域子育て支援事業…………………80
地域子育て支援制度…………………77
父親の子育て…………………39
父親支援プログラム……………… 101
中間評価…………………29
都市化…………………41
都道府県……………… 116
トワイライトステイ…………………63

な 行

乳児院…………………64
乳児家庭全戸訪問事業………………83
認可外保育施設…………………94
認定子ども園……………… 61, 93
妊婦健康診査…………………84
ネットワーキング…………………30

は 行

発達障害……………… 106
発達障害者支援センター…………………64
母親クラブ…………………66
母親クラブ活動…………………99
母親の結婚満足度…………………37
ひとり親家庭の自立支援…………………21
病児保育事業…………………82
ファミリー・サポート・センター事
　業……………… 63, 82, 99
フォーマルな社会資源…………………60
福祉事務所……………… 60, 98, 117
普通離婚率…………………34
プランニング…………………28
平均初婚年齢…………………34
保育所保育指針…………………24
保育・教育施設…………………93
保育ソーシャルワーク…………………27
保育関連事業…………………81
保育所……………… 61, 87

保育所保育指針·····················87
放課後子ども総合プラン············73
放課後子供教室·····················64
放課後児童クラブ···················64
放課後児童健全育成事業········ 64, 82
保健所······················ 61, 118
保健センター·······················98
子育てネット·······················66

ま 行

民生委員···························62
モニタリング·······················29

や 行

養育支援訪問事業···················85
幼稚園························ 61, 93
要保護児童························ 105
要保護児童対策地域協議会···········85

ら 行

利用者支援························66
利用車支援事業················ 67, 80

わ 行

ワークライフバランス···············55

編著者紹介

井村　圭壯（いむら・けいそう）

1955 年生まれ
現　　在　岡山県立大学教授　博士（社会福祉学）　保育士
主　　著　『戦前期石井記念愛染園に関する研究』（西日本法規出版，
　　　　　2004 年）
　　　　　『日本の養老院史』（学文社，2005 年）
　　　　　『日本の社会事業施設史』（学文社，2015 年）
　　　　　『社会事業施設団体の形成史』（学文社，2015 年）

松井　圭三（まつい・けいぞう）

1961 年生まれ
現　　在　中国短期大学教授
主　　著　『介護保険政策集』（大学教育出版，2002 年）
　　　　　『21 世紀の社会福祉論文集』（ふくろう出版，2009 年）
　　　　　『家庭支援論』（大学教育出版，2012 年）
　　　　　『社会福祉記事ワークブック』（大学教育出版，2016 年）

家庭支援論の基本と課題	2017 年 1 月 10 日　第一版第一刷発行
	2018 年 1 月 30 日　第一版第二刷発行

編　者　井　村　圭　壯
　　　　松　井　圭　三

発行所　株式会社　学　文　社

発行者　田　中　千　津　子

東京都目黒区下目黒 3-6-1　〒 153-0064
電話 03(3715)1501　振替 00130-9-98842
http://www.gakubunsha.com

©2017　IMURA Keiso & MATSUI Keizou
Printed in Japan

落丁・乱丁本は，本社にてお取替えいたします。
定価は売上カード，カバーに表示してあります。
印刷／亨有堂印刷所
ISBN978-4-7620-2684-3　検印省略